JN302472

増補改訂版

株・日経225先物 勝利のチャート方程式

ついてる仙人[著]

アールズ出版

はじめに

この本を本屋さんの本棚で手にとったあなた。インターネット書店で目にしたあなたは、株式投資に興味があり、株式投資で利益を得たいと考えていることでしょう。

本気で勉強をすれば株式投資で利益を得ることは可能です。

どんな商売でも本気で勉強をして本気で経営をすれば自分が暮らしていくお金を稼ぐことが可能でしょう。

しかし、商売というものはお金を稼ぐためだけにするのでしょうか。

お金儲けとはなんのためにするのでしょうか。

自分の生活のため。自分の趣味のため。もっと豊かな生活をしたいから。

多くの理由があると思います。

お金を稼ぐ理由のひとつには、人を助けるためというのがあると思います。

大切な人が困っていて、どうしてもお金が必要になったとき、助けてあげたくても自分にお金がなければ助けてあげることはできません。

大切な人を助けるためにお金を稼いでおく。お金持ちになる。これがひとつの理由でもあるのだと考えています。

そして、大切な人を助けるためにはお金だけではありません。

お金だけでない理由は「おわりに」に書かせていただきます。

本書を読み終わった後に「おわりに」をお読みください。

本当にお金を稼ぐという意味がおわかりになると思います。

この本は、2009年11月30日に出版した『株・日経225先物　勝利の2パターンチャート方程式』の改訂版として書かせていただきました。

初版では、オプションを利用したヘッジについての記載もありましたが、限られたページでは多くをお伝えすることができず中途半端になってしまうので、今回の改訂版ではオプションの章は省かせていただいています。

その代わりに2014年の今だから伝えたいことを追加させていただきました。

2009年に初めて執筆をさせていただいてから、今まで4冊の書籍を出させていただいています。

今回の本は5冊目にあたります。

5冊目だからこそ伝えたいという内容も追加させていただきました。

最後までゆっくりとお楽しみください。

序章 儲からない投資家になるのは簡単？

第1章 これだけは知っておけ!

個別銘柄の選択方法とエントリータイミング

第2章 誰も知らない！ 日経225先物の必勝売買手法

序章

儲からない投資家になるのは簡単？

1　儲からない投資家の得意技、塩漬けレシピ

株式投資を始めたばかりのころは順張りって何？　逆張りって何？　オシレーターってなんのこと？

投資手法なんて全くわからないまま売買を始める方が多いでしょう。

しかし、株式投資をある程度の期間やっていると多くの手法を知ることになります。そして、その手法の中から自分に合っているのではないかという手法を見つけることになります。

なんとなく順張りがいいなと思う人、逆張りが大きく儲かって良さそうだと思う人。ブレイクアウトが単純でわかりやすくて自分に向いていると思う人……。

儲かる投資家は、それらの中から自分の手法を身につけるのですが、儲からない投資家の多くが身につけるのは「塩漬け」という手法です。

☆塩漬けにしたい人はいないはずだが…

ご存知のとおり、トレードには順張りと逆張りが存在します。順張りとは、今まで相場が動いてきた方向にエントリーすること。つまり、相場の流れに逆らわずに波に乗ることです。

逆張りとは、逆に今まで相場が動いてきた方向とは逆にエントリーすること。つまり、相場の流れに逆らってエントリーすることです。

ブレイクアウトという手法は、ある一定の値幅を超えたときに超えた方向にエントリーする手法のことです。伝説の投資集団「タートルズ」が利用していたことで有名ですね。

一方「塩漬け」という手法はエントリー時における手法ではありませんし、手仕舞いにおける手法でもありません。本来、株式投資を行う場合、絶対にやってはいけないことなのです。

塩漬けの本来の意味を辞書で調べてみると、「古くから用いられてきた方法で食べ物（特に腐敗してしまいやすい物）を、長期保存のためや、味を付けるために食塩に漬けておいたもの、または塩に漬けておく方法そのもの」と出てきます。

株式投資における塩漬けは、買った銘柄の株価が自分の想定以上に下がり返済するととても大きな損失になってしまい損失を確定することができず、いつかまた買い値まで戻るだろうと期待して長期保有をしていることです。

投資関連の本を読むと、ほとんどの本に塩漬けは絶対にやってはいけないと書いてあります。しかし株式投資をしている個人投資家の多くは、この塩漬け株を保有しています。塩漬けにしたくて株式投資をしている人はいないでしょう。しかし現実に塩漬けは起こるのです。

☆塩漬けにもメリットがある?

なぜ、塩漬け株を保有してしまうのでしょうか。実は塩漬けにはメリットとデメリットがあります。

まずはデメリットから見てみましょう。塩漬けのデメリットは、塩漬けになった株の資金を次の投資に回すことができないということです。新たに投資したい銘柄があっても資金がなければ投資をすることはできません。いくら塩漬け株が多くても投資する資金には困らないという人なら問題はないのかもしれませんが、多くの投資家は資金に限界があります。投資したいときに投資ができなければ利益を上げることはできません。これは精神的にも非常に大きな苦痛になります。

では、次にメリットを考えてみましょう。「塩漬けのメリットはありません」と全員が答えるかもしれませんね。

しかしメリットがないのに実際には塩漬け株を保有している人が大勢いるのです。実は、塩漬けには「精神的に楽になれる」というメリットがあるのです。

「今は塩漬けになっているけれどいつかは買値まで戻るだろう。その時に返済すれば損失はなくなるな」と思うと精神的に楽になります。今の大きな含み損という苦痛を和らげることができるのです。人間というのは苦痛から逃れようとする性質があるのです。

ですから、普通の人であれば塩漬けになるのは当たり前なのです。

☆最高級レシピ…塩漬け株の作り方

私は結構料理をするのって好きなんです。

子どもと一緒に餃子を作ったり、カニクリームコロッケを作ったりします。

また、月に1回から2回はたこ焼きの日にしているのです。

子どもと一緒にたこ焼き焼いてお腹いっぱい食べるのです。

今日は、株の最高級レシピをご紹介しますね。

それは塩漬け株です。

こんなに最強の料理はそうそうないですよ。

一度作ったら病み付きになって、何度も作ってしまう人も多いようですね（笑）。

○用意するもの

• 株式投資をするための資金	100万円あれば十分でしょう
• 個別銘柄のチャート	1面
• 気合い	少々
• 我慢する根性（塩味）	大さじ10杯
• 後悔	無限大

100万円の資金があれば、1000円の株を1000株購入できます。

まずは個別銘柄のチャートを見てこれは将来株価が上がりそうだという1000円前後で推移している銘柄を探します。探し方は簡単です。ネットの掲示板に出回っている情報や雑誌のアナリストの推奨銘柄をテキストにしてお探しください。

お気に入りの銘柄が決まったら、その銘柄の株価が高値から1000円まで下がってくるのを待ちます。

1000円まで下がってきたらこの株を30%の利食い目標として1000円で購入します。指し値で待って逆張りでの買いですね。

儲からない投資家の多くは、この1000円で買った株が自分の思惑どおりに上昇していった場合、チャートを見ると1300円まで上昇する可能性が高いとわかっているのに1100円くらいになるとドキドキしてきます。ここで気合いを少々入れましょう。

すると、1100円で利食いしそうになった自分を抑えてもう少し我慢できます。しかし気合い少々でしたから1300円まで上昇するのを我慢できずに1100円よりも少し上の価格で、つい利食いをしてしまいます。

そして1300円まで上昇すると「やっぱり1300円まで上昇したか」と後悔します。そしてまた1000円まで下落するともう一度上がるのではないかと思い買うのです。

逆に、1000円で買った株が自分の思惑とは反対の方向に動いた場合は我慢する傾向があります。ここで大さじ1杯の我慢する根性を投入します。

900円まで下落した場合、10%しか下落していないので大丈夫と思い損切りをしません。ここでも大さじ1杯の我慢する根性を追加で投入します。

800円まで株価が下落した場合には、利食い目標は30%だから20%の下落は許容範囲だとして損切りをしません。ここでは大さじ2杯の我慢する根性を入れます。

700円まで株価が下落した場合には、利食い目標は30%だから同じ30%なのでまだ許容範囲だとして損切りをしません。ここでも大さじ2杯の我慢する根性を投入します。

ここまでは許容範囲だとして損切りをしませんが、心の中では大きく動揺しています。すでに大さじ6杯もの根性を使ってしまったのですから。

そして株価が600円まで下落したとき、ここで損切りしなくてはダメだと頭ではわかっているのですが、損切りを確定させたときの損失額の大きさを想像するとどうしてもマウスをクリックできません。この時点で、残りのすべての根性を思いっきり投入します。

そして株価が500円まで下落したときに、精神的な限界となり「保有している株は長期投資なのだから買値に戻るまでこのまま放っておこう」と考えるようになるのです。しかし、株価はさらに下落するのです。

これで最高級の塩漬け株の完成です。大さじ10杯もの塩味の根性を入れてしまったのですからもう食べられたものではありません。食べる意欲のなくなったものはそのまま放置されます。

塩漬け株が出来上がったら最後にする味付けが無限大の後悔です。株式投資なんてやらなければよかった。最初の資金があれば車の頭金になったし、家のローンの早期返済にも充てられた。かみさんや彼女に好きなものを買ってもあげられたなあ。家族全員でうまいものを何回食べられただろう。後悔は数え上げたらキリがありません。まさに無限大の後悔です。

本書ではこの塩漬け株を作らない手法はもちろんのこと、塩漬け株を持っていることができなくなる手法をお伝えしていきます。今まで自分の思っていた株式投資の常識が本書を読んだとたんに180度変わってしまうかもしれませんよ。

一生涯に渡って楽しく儲けることができるような手法を身につけてくださいね。本書では私が実際に儲けている多くの手法をお伝えしています。

2 塩漬け株は青春の汗や涙と同じ塩味だった

前項で儲からない投資家の保有株が塩漬けになる理由を述べました。

では、保有株が塩漬けになるとどのようなことが起こるのでしょうか。

☆塩漬け株が増えていくしくみ

ある投資家が、当初資金500万円で株式投資を始めたとしましょう。株式投資のHOW TO本を読むと「株式投資は分散投資をしなさい」と書いてあります。そこで500万円の資金があるのでこの500万円を10に分けて1銘柄50万円までの投資を限度とし、10銘柄に投資をします。

儲からない投資家は間違った逆張りが大好きですから、株価の大きなトレンドが下落しているときに買い向かいます。当然のことながら大きなトレンドが下を向いているので10銘柄のうち半分以上の銘柄は下落、あるいは横ばいということになります。運良く10銘柄のうち3銘柄が30%の上昇をするとしましょう。

そうすると10銘柄のうち3銘柄については30%上昇するのですが、目標の30%という利食いを我慢できずに10%の利益で手仕舞いをしてしまいます。5銘柄については株価がほとんど動かずに投資金額と同等の株価で推移しています。残り2銘柄については買値の半分まで下落します。

利食いの3銘柄はそれぞれ10%の利益が出ましたので50万円×10%＝5万円の利益となります。3銘柄合計で15万円の利益を得ることができました。5銘柄については株価がほとんど動かなかったので保有を持続しています。しかし、多くの儲からない投資家は1カ月も株価が動かない状態が続くと、もうこの株は動かないのではないかと考えてトントンで手仕舞いをしてしまいます。つまり、損益は0円ということになります。

そして残りの2銘柄については、買値の半分まで下落しましたのでお得意の塩漬けにするのです。塩漬けにした2銘柄の当初資金合計は100万円ですが、時価は50万円まで下がっています。この時点で損切りをすれば次の投資資金が50万円増えるのですが、塩漬けが大好きですから当然損切りはしません。

この時点で次に投資できる金額を出してみましょう。利益の出た3銘柄合計では元金150万円＋利益15万円＝165万円となっています。トントンだった5銘柄は50万円×5＝250万円です。塩漬けになっている2銘柄は次の投資資金に回せないので0円となります。

10銘柄を取引して2銘柄程度の塩漬け株はどうということはありません。青春時代に流した汗のように心地よいしょっぱさを感じる程度なのかもしれません。この時点での次回投資可能資金は165万円＋250万円＋塩漬け2銘柄＝415万円となります。この415万円を再び1銘柄50万円として再投資します。

今回は8銘柄への投資が可能です。儲からない投資家は間違った逆張りが大好きですから、株価の大きなトレンドが下落しているときに再び果敢に買い向かいます。当然のことながら大きなトレンドが下を向いているので8銘柄のうち半分以上の銘柄は下落、あるいは横ばいということになります。運良く8銘柄のうち2銘柄が30%の上昇をするとしましょう。

そうすると8銘柄のうち2銘柄については30%上昇するのですが、目標の30%という利食いを我慢できずに10%の利益で手仕舞いをしてしまいます。4銘柄については株価がほとんど動かずに投資金額と同等の株価で推移しています。残り2銘柄についてはもちろん買値の半分まで下落します。

利食いの2銘柄はそれぞれ10%の利益が出ましたので50万円×10%＝5万円の利益となります。2銘柄合計で10万円の利益を得ることができました。4銘柄については株価がほとんど動かなかったので保有を持続しています。しかし、多くの儲からない投資家は1カ月も株価が動かない状態が続くと、もうこの株は動かないのではないかと考えてトントンで手仕舞いをしてしまいます。つまり損益は0円ということになります。

そして残りの2銘柄については買値の半分まで下落しましたのでお得意の塩漬けにするのです。塩漬けにした2銘柄の資金は100万円ですが、時価は50万円まで下がっています。この時点で損切りをすれば次の投資資金が50万円増えるのですが、塩漬けが大好きですから当然損切りはしません。

この時点で3回目の投資に投入できる金額を計算してみましょう。

8銘柄中利益の出た2銘柄合計で元金100万円＋10万円＝110万円となっています。トントンだった4銘柄は50万円×4＝200万円です。前回塩漬けになっている2銘柄と今回塩漬けにする2銘柄は次の投資資金に回せないので0円となります。これで大好きな塩漬け株は4銘柄となりました。

今回の投資資金415万円のうち50万円ずつ8銘柄に投資をしたので合計は400万円です。415万円のうち15万円が残っていますので、この時点での次回投資可能資金は110万円＋200万円＋15万円＋塩漬け4銘柄＝325万円です。

この325万円を再び1銘柄50万円として再投資をします。

3回目は6銘柄を購入し、2銘柄が利益、2銘柄がトントン、2銘柄が塩漬け。

4回目は4銘柄を購入し、1銘柄が利益、2銘柄がトントン、1銘柄が塩漬け。

5回目は3銘柄を購入し、1銘柄が利益、1銘柄がトントン、1銘柄が塩漬け。

6回目は2銘柄を購入し、1銘柄が利益、1銘柄が塩漬け。

7回目は2銘柄を購入し、1銘柄が利益、1銘柄が塩漬け。

こうなると、手元には55万円と塩漬け株が10銘柄という結果になります。

ここまでくるとさすがにもう投資をしようとは思わなくなりますよね。塩漬けになった10銘柄をふところにしまって株式市場から退場し年老いていくだけになります。

年老いたときに思うことは、「青春の汗や涙はしょっぱかったなあ…」ということ。そして投資して手元に残っている塩漬け株も青春の汗や涙と同じように、思い出になっていることでしょう。こちらは良い思い出ではなくつらい思い出かもしれませんが……

とてもしょっぱい話ですね。

3 人間の行動は予想どおり不合理

一般投資家の一部の人は保有株を塩漬けにしてしまいます。本当は一般投資家の多くの人と書きたいのですが、そのように書くと私は刺される可能性が高くなりますので、ここでは一部の人としておきます（笑）。

塩漬けにしてしまう理由というのは心理的要因が大きいのです。塩漬けになるということは損切りができないということです。

1000円で買った株の損切り価格を800円と決めていたとしても800円まで下がったときには、そろそろ底打ちして反発するだろうと考えて損切り価格を下げてしまうのです。

では、損切りできない理由について考えてみましょう。

☆損切りは、自分がアホだと認めるようなもの？

ある銘柄を買うということは「この銘柄は上がるぞ！」と考えて買うのですね。しかし、自分の目論見がはずれ、その銘柄の株価が下がってきたときには損切りという選択を迫られます。損切りをするということは「損失を確定する」「自らが間違っていたことを確定する」「自分が判断して、自分が自信を持って買った銘柄を自分で損切りするということは、自分が自分をアホでバカだと認めるようなもの」と考えてしまいます。

つまり「損切りできない」というのには「自分がバカであることを認めたくない」という意識があるのです。

そして、人は物事に対して合理的に考えることができない場合が多くあるのです。

☆トレードにおいては、安全確実が正解ではない

次の質問をご覧ください。

Aの質問

①あることをすると100パーセントの確率で7万円もらえる

②あることをすると75パーセントの確率で10万円もらえるが25パーセントの確率で1円ももらえない。

さて、あなたは、どちらを選びますか？　もうひとつ違う質問をしますね。

Bの質問

①あることをすると100パーセントの確率で7万円を損する

②あることをすると75パーセントの確率で10万円の損をするが、25パーセントの確率で1円も損をしない

さて、あなたは、どちらを選びますか？

この質問に答えた多くの人は、質問Aでは①、質問Bでは②を選択したはずです。普通の人はこの選択をするのが当たり前なのです。人間の脳というのはそのようにできているからです。私たちは子どもの頃から親や近所のおじさん、おねえさん（私は女の

人をおばさんではなくおねえさんと呼びます）たちに次のように言われて大人になりました。

「道路は危ないから横断歩道を渡るときはよ～く確認して安全に渡るのよ！」

「何かをやるときには危険なことが起こるかもしれないからしっかりと確認してやるんだぞ！」

「何事も確実に正確にやるんだよ。包丁を使うときは、危ないから手を切らないようにしっかりと確認をして安全に使うようにするのよ」

このように「安全に！」「確認して！」「確実に！」など、安全確実が正しいと教えられてきました。

小さい頃から何度も何度も同じことを多くの人に教え込まれてきたのですから、私たちはそのことを忠実に守り安全に確実に物事を行ってきました。

そのおかげで今も無事に生きていてトレードを楽しむことができるのですね。しかし、トレードにおいては、この安全確実が正解ではないのです。

先ほどの質問をもう一度読んでよ～く考えてください。

質問A、Bともに選択を1000回繰り返すと、

質問Aは、

①を選ぶと7000万円の利益になります。

②を選ぶと7500万円の利益に限りなく近づきます。

質問Bは、

①を選ぶと7000万円の損失になります。

②を選ぶと7500万円の損失に限りなく近づきます。

質問Aは①を選び、質問Bは②を選ぶと、回数が多くなればなるほどもう一方との価格差が大きくなっていきます。

ですから、株式投資において損切りを行う場合には100パーセントの確率の損切りを選択しないといけませんし、利食いはその反対で、75パーセントの確率の利食いを選択しなければいけないのです。

1回の取引で100パーセントの利食いをすると利益が少なくなることになります。

株式投資においては「損切りは早く、利食いは伸ばす」ということが正解となります。

「人の行く裏に道あり花の山」という相場格言がありますが、このようなことを言っているのですね。

損切りをするというのは、Bの質問の場合ですね。ある株式を買った後に、自分の目論見とは異なり株価が下がった場合、買値まで戻す可能性は0パーセントではありません。どんなに大きな下落トレンド中でも買値まで戻す可能性はあります。

その企業がものすごい発明をして特許をとったとか、大幅なリストラをして経費の削減に成功し決算の上方修正をした、などのビッグニュースが出ることだってあるでしょう。

一般投資家の多くは、自分が買った後に株価が下がると上記のようなことがあるかもしれないと期待して100パーセントの損切りをしないばかりか、分割での損切りもせずに購入した株すべてを保有し続ける傾向があります。

これが塩漬け株となるのです。

☆安くなったから、ナンピン買いする?

塩漬け株を持っている人に話を聞くとある共通することがあります。それは何かというと、塩漬けになっている株は1単位ではなく複数単位だということです。

たとえば、ある株を700円で買ったとして、その株が下落し現在の株価が150円まで下落しているとすると、この株が塩漬けになっている人は700円で買った1単位だけではなく600円や500円で買い増しをしているのです。

ひどい人になると100円下がるごとに買い増しをしています。間違った逆張りを続けた結果、このような保有状況になってしまったわけです。

このように塩漬け株とお友達になっている人はナンピン買いをする傾向があります。

ナンピン買いについての説明はいらないと思いますが、中にはナンピン買いについて勘違いをしている人もいらっしゃるので説明をしておきますね。

ナンピン買いとは次のような買い方です。

1000円だった株価が500円まで下落し、もうこれ以上は下がらないだろうという予測をして500円で買います。

しかし、予測に反して400円になったので平均取得価格を下げるために買い増しをします。株価はさらに下げ300円になったので、さらに平均取得価格を下げるために再び買い増しをします。
ナンピン買いとは、このようにある株の株価が底であると判断したのにさらに下がったので損失を少なくするために平均取得価格を下げるテクニックです。
「株価が底であると判断した」という部分は非常に重要ですから覚えておいてくださいね。
一方、儲からない投資家がナンピン買いをする理由はなにかというと、次のようなことがあげられます。
2000円の株価を付けていた銘柄が1000円になった。元々は2000円だったものが半値の1000円になったのだから割安だ。割安なので1000円で買うわけです。そして1000円になった株が900円になるとさらに安くなった。こいつはラッキーと言ってさらに買い増しをするわけです。
そこから100円下がるごとに買い増しをしていきます。元々は2000円だった株価が半値以下になってもまだ安くなるのですから買い増しをする理由はあっても損切りをする理由はどこにもないのです。
こうしてついに株価は500円になり、買い増しをする気力も資金もなくなります。

☆インターネット上はおいしい情報の山?

また、儲からない投資家が参考にしていることのひとつにアナリストやインターネット掲示板での株価予想があります。
インターネット上で「この株は3000円までの上昇があるでしょう」と誰かの意見があると、この株の株価は今は2000円なので割安だから買いだ。ここから1000円も上昇するのであれば買っておかなければ損をする、と考えチャートなどろくに見もしないで買いに走ります。

また、インターネット上で「この株は、悪材料が出るので500円まで下落する可能性が高いです」という誰かの意見があり、それに賛同する人が多いと、今の株価が1000円だから、ここからかなりの金額を下げ半分の株価になるんだな、と考え売りに走ります。

これは自分自身の投資判断ではありません。ただ単純に誰かが言ったことを真に受けただけのことです。

現在の株価と誰かが言った予想株価を比較検討し、これなら現在の価格で売買すれば大儲けできると考えて投資したならば、誰かの言った言葉を信じただけで自分の考えは何もありません。

今後の株価の動きや今の株価が割高か割安かという非常に重要なことはすべて見ず知らずの他人に任せて、その人の言うことを信じるか信じないかということだけを感覚的に決めているだけなのです。

このような売買をして損失が出るとインターネット上で間違った予想をした奴が悪い。あいつのせいだと思うか、インターネット上に書き込まれていることを鵜呑みにした自分がバカだったと思うかのどちらかになります。

このように誰かの言ったことを信じて売買をしている人は、その人がナンピン買いをすれば自分もナンピン買いをし、その人が損切りをしない限り自分も損切りをしないで塩漬けのまま保有しています。

そして、そのうちにインターネット上でその株についての書き込みはなくなっていくのです。

どっちにしても大事な資金は大きく減り精神的ダメージも大きくなり、良いことなど何一つありません。このような投資をしていては、いつまでたっても儲けることのできる投資家になることはできないでしょう。インターネット上にはおいしそうに見える情報が非常にたくさんありますが、そのほとんどはクズネタであると私は思っています。

儲からない投資家はナンピン買いという架空の蜜の味に踊らされているのです。

4　損切りしなければ勝率100%で夢の世界が見えてくる?

快感物質であるドーパミンをご存じでしょうか。一時の脳ブームの時期にはテレビでも脳の働きについて多くの番組が放送されていましたので多くの人が知っていると思います。

ドーパミンとは、交感神経節後線維や副腎髄質に含まれるノルエピネフリンやエピネフリン（ホルモンの一種）という物質とともに、生体内アミンの一種であるカテコラミンという物質のひとつです。

私たちの食べ物の中に含まれるフェニルアラニンやチロシンというアミノ酸がチロシン水酸化酵素によってドーパになり、それがドーパ脱炭酸酵素の働きでドーパミンになることがわかっています。このドーパミンはさらにドーパミンβ水酸化酵素という酵素でノルアドレナリンになりますし、これはさらにエピネフリンに変わります……。

なんだか難しくてよくわからないですね。簡単に言うと、人間の脳は嬉しいことや楽しいことがあると「快」を感じるようになります。そして「快」を感じるとドーパミンが脳の中で作られるのです。あるいは脳の中でドーパミンが作られるから快を感じるのかな…。それはどっちでもいいんです。

ここではドーパミンという物質が「快」と関係があるということだけわかっていればいいのですから。私ってこういうところは結構適当なんですね。

☆損切りは脳を不快にする?

株式投資を始めた当初は誰でも損切りはしたくありません。なぜかというと、人間の脳は損失を受け入れることを異常に嫌うのです。人間は誰もが嬉しいことがあると喜びます。イヤなことがあると嫌な気分になります。人間の脳は快と不快を感じ取る素晴らしい機能があるのです。

嫌いなものが多い人は、いつも不機嫌です。嫌いなものがなく何でも好きになれる人は、いつも上機嫌です。仕事のできない人は間違いなく仕事が嫌いです。仕事がつまらなくて苦しくてすぐにでも家に帰りたいと思っています。女性にモテない人は間違いなく女性と付き合うのが苦手です。女性の前に出ると自分から話すことができない人です。

またお金の貯まらない人は、はっきり言ってお金を稼ぐことが嫌いです。「いやそんなことはない、私はお金を稼ぐことは大好きです。お金があれば好きなものを何でも買えるではないですか」と言うかもしれません。

しかし、それはお金を稼ぐことが好きなのではなく、稼いだお金を使うことが好きなのです。お金で買えるものが好きなのです。お金を稼ぐことが好きなのではありません。

同様に損切りのできない人は、100パーセント確実に損切りをすることが嫌いです。損切りをすることは難しく、苦しく、情けないことだと思っていて損切りに対して脳が不快になっているのです。

☆脳は間違った逆張りが好き?

先ほど間違った逆張りの話をしましたが、脳の働きは間違った逆張りにも大きく関係しています。

まず、正しい逆張りと間違った逆張りの過程を見てみましょう。たとえば、逆張りで1000円で買った銘柄が思惑通りの値動きにならず、680円まで下落し、その後1100円まで反発したとしましょう。

正しい逆張りというのは、

1000円で買う → 950円で損切り → 900円で買う → 850円で損切り → 800円で買う → 750円で損切り → 700円で買う → 680円で大底となって反発。1100円まで上昇して400円の大幅利食い。

となります。

間違った逆張りは、

1000円で買う → 損切りしないで680円まで持続 → 1100円まで上昇して100円の利食い。

という過程をたどります。

正しい逆張りでは利食いが1回、損切りが3回でした。間違った逆張りでは利食いが1回、損切りは0回でした。

これだけを見ると損切りをしないほうが良いように思えますね。

では、損益を比較してみましょう。

正しい逆張りでは1回の利食いで、400円の利益、3回の損切りで合計150円の損失となります。400円の利益、150円の損失ですから合計250円の利益となりました。

間違った逆張りを見ると損切りはありませんので損失は0円です。利食いは1回です。1000円で買って1100円で売っていますので100円の利益ですね。100円の利益、損切り0ですから合計100円の利益となりました。

正しい逆張りは、1勝3敗で250円の利益、間違った逆張りは1勝0敗で150円の利益です。

正しい逆張りの勝率は1勝3敗で25%です。間違った逆張りの勝率は1勝0敗で100%となっています。

人間の脳の機能を思い出してください。人間の脳は快と不快を感じ取ります。株式投資において快と感じることはもちろん儲かることです。そして不快と感じることは損をすることです。

正しい逆張りでは250円の利益を上げていますが、勝率は25%です。間違った逆張りでは100円の利益ですが、勝率は100%となっています。人間の脳はどちらの状態を「快」と感じるのでしょうか？

答えは簡単です。人間の脳は勝率100%の間違った逆張りを「快」と感じるようにできているのです。脳はいくら儲かったかではなく儲かったか損をしたかで快と不快を感じ分けています。間違った逆張りの場合は、1000円で買って680円まで株価が下落しているときに含み損を抱えている状態ですからそこで不快を感じます。

しかし損切りはしていませんから、本当の不快な感情ではないのです。まだ上昇するという希望を持った不快な感情です。そして680円から株価が上昇して1100円で利食いをしたときに快の感情を感じるのです。細かく言えば680円から上昇していく過程で快を感じているとも言えますが。

正しい逆張りの場合を見てみましょう。初めに1000円で買って950円で損切りをしています。この時点で損失を確定していますので脳は不快な感情を感じ取ります。次に900円で買って850円で損切りしていますので、このときにも脳は不快を感じます。さらに800円で買って750円で損切りしていますので、3回脳は不快な感情を感じることになるのです。そして最後に700円で買った株を1100円で利食いして、ようやく快の感情を感じることができるのです。

正しい逆張りでは1回の快の感情に対して3回の不快の感情を感じます。間違った逆張りでは1回の快の感情のみを感じます。人間は不快な感情を嫌いますので、正しい逆張りよりも間違った逆張りを好む性質があるのです。

勝率が100%で快を感じ100円の利益が出たことで快を感じる。こんなに素晴らしいことがあるでしょうか。まさに夢の世界なのです。利益は少ないけれど非常に高い勝率で脳は「快」を感じ、とても楽しい状態が続くのです。

しかし、本当にこれでいいのでしょうか。株式投資を趣味で行い塩漬け株は放置して買値に戻った株だけを売り、そこそこの利益で満足するのであれば、間違った逆張りでもよいのかもしれません。この方法をとっている限り表面上脳は不快な気持ちになりません。

対して、正しい逆張りを行ったときは3回の不快な感情を脳は感じます。しかし、合計利益は間違った逆張りよりも多くなるのです。

100円の利益と250円の利益ではどちらの利益を望みますか。

もちろん250円の利益ですよね。

不快な感情を受けながら多くの利益を取るか、快の感情のみを感じながら少ない利益を手にするか、このどちらを選びますかという話ではなく、私は快の感情を受けながら、多くの利益を得る方法を考えていきたいと思います。

☆勝率100%で夢を見るか、勝率25%で夢をつかむか

ここまでお読みになったみなさんは正しい逆張りを行えば結果、多くの利益を得られることがおわかりになったと思います。つまり、小さな損失を出しているときは失敗ではなく大きな利益を得るための途中経過でしかないということです。

小さな損失は大きな成功のための小さな成功なのです。小さな損失をこれからも続く失敗だと思うから不快な感情になるのです。小さな損失は小さな成功なのですから喜ぶべき出来事なのです。

私はこの本を読んでいただいたみなさんに儲かる株式投資をしていただきたいと思っています。株式投資は趣味で終わらせるにはもったいない魅力を持っています。楽しみながら脳を「快」にして儲ける手法を身につけていただきたいのです。

もう一度言います。

株式投資において「快」と感じることはもちろん儲かることです。そして「不快」と感じることは損をすることです。最終的に大きな利益を得ることが脳にとって一番「快」と感じることなのです。一番「快」となることが一番嬉しいことであり一番儲かることなのです。

間違った逆張りを続けていると夢を見ることはできても夢をつ

かむことはできません。
　夢は見るものではありません。夢は自分の手でつかむものなのです。
　勝率100%で夢を見るか、勝率25%で夢をつかむか、それはあなた次第なのです。
　ぜひ、夢をあなたの手でつかんでください。私はそのお手伝いをさせていただきます。

5 リスクヘッジを知らない人は損をする

今まで見てきたことで人間という生き物は誰でも簡単に「へっぽこトレーダー」になれるということがわかりました。

「へっぽこ」なんていう言葉を使う人は少ないかもしれないので「へっぽこ」の意味を調べてみましょう。

「へっぽこ」とは辞書によると「技芸・技術の劣っていること。役に立たないこと。また、そのさまや、その人。多く、あざけっていう語」ということです。

へっぽこトレーダーとは、投資に対しての技術を持っていないトレーダーであり、株式投資においてまったく役に立たない人たちです。

☆簡単に損をするなら、簡単に儲けられる?

初めて株式投資を始めようと思ったときはチャートを見て、「株価が底になったときに買って株価が天井になったときに売ればいいんだな。こんなのすごく簡単じゃん。これなら俺にだってできる。すぐに今の資金が倍になっちゃうんじゃないの」などと甘い考えを持ってしまった人も多いのではないでしょうか。

実はこの私もそのうちのひとりなのです。この章に書いてあるように私も簡単に確実にへっぽこトレーダーになることができました。私にでも簡単になることができたのですから、多くの投資家のみなさんも簡単にへっぽこトレーダーになることができると思います（笑）。へっぽこトレーダーになることができた私は考えました。

「こうも簡単に損をするということは、考え方を変えれば簡単に儲かるようになるのではないだろうか」このように考えた私は投資に関する情報を集め始めました。そして数カ月後、儲けるために必要なことを見つけたのです。

それはとても簡単なことでした。

株式投資で儲けるために必要なことは、株式投資の勉強をすること。

たったこれだけの簡単なことだったのです。株式投資の世界には多くのプロたちが参加しています。プロと呼ばれる人たちは、経験はもちろんですが、知識も豊富であり、先輩たちから多くのことを学んでいます。そして何より一般投資家に比べて多くの情報がいち早く入手できるというメリットがあります。

経験豊富、知識豊富、情報豊富という3拍子が揃っているのですから我々のような一般投資家と比べると非常に有利な立場で取引ができるわけです。

そのようなプロたちを相手に儲けていかなければならないのです。経験も、知識も、情報も少ない一般投資家が何の戦略も持たずに勝てるような世界ではないのです。

我々が株式相場において儲けるためにはプロたちと同じ方法で売買をしていては儲かりません。プロたちとは違う戦略で挑んでいかなければならないのです。しかし、プロたちからも多くのことを学び、まねすべき戦略も存在します。そのひとつがリスクヘッジという考え方です。

☆プロに学ぶ、リスクヘッジ

リスクヘッジとは、株式投資において危険（リスク）が想定される場合に、あらかじめ何らかの回避策や打開策を用意しておくことです。

ヘッジ（hedge）とは、「押さえ」「保険」「つなぎ」といったような意味です。またヘッジとは「生垣」のことで、「食い止める」意からきています。

ヘッジだけでも意味はほぼリスクヘッジと同じなので、リスクヘッジを単にヘッジということがあります。危険を回避すること全般をリスクヘッジといい、具体的に先物取引などを行ってリスクヘッジすることをヘッジということもあります。

詳しくは後の章で書きますのでここでは簡単に説明をしておきます。相場の原理原則を知っている人であれば株価が上昇トレンドにある場合だけ株式を買います。株価が下落トレンドにある場合に買うことはしません。しかし、上昇トレンドとはいっても一本調子で上昇していくのではなく200円上げたら100円の調整をし、さらに200円上げて100円の調整をする、というようにジグザグを繰り返しながら上昇していきます。

上昇中の調整（押し目）は常に一定の割合で起こるのではなく、200円上昇した後に50円下落することもあれば、300円上昇した後に200円の下落ということもあります。

また200円上昇した後に300円の下落をすることもあるのですね。200円の上昇をしたところで買った場合、その後300円の下落をすると大きな含み損を抱えることになります。前もって300円下がることがわかっていれば買ったりはしないのですが、その場では下がるかどうかはわかりません。ここで300円の下落があってもあわてずに対処できるようにする方法がリスクヘッジなのです。

株式投資というのはリスクを許容してはじめて利益につながるのです。つまりどれだけのリスクを取れるかというのがポイントになってくるのです。しかし、リスクを取れば取るだけ儲かるというものでもありません。リスクを取った分だけ損失になる可能性が高くなります。リスクヘッジとは、損失になる可能性を和らげようとする方法なのです。

株式投資をしていると多くの人がストレスを感じます。そして、それは株式投資を続けられなくなるくらい大きなストレスになる場合があります。しかし、このリスクヘッジを知っているということだけで最小限のストレスに抑えることができるのです。

楽しいはずの株式投資でストレスを感じて病気になるのでは元も子もありません。楽しく快適に儲けるためにリスクヘッジは我々の手助けをしてくれるパートナーとなるのです。

第1章 これだけは知っておけ！

個別銘柄の選択方法とエントリータイミング

1 ファンダメンタルとテクニカル 勝つのはどっち?

我々が株式投資を行うとき、参考にする分析方法には大きく分けてファンダメンタル分析とテクニカル分析の2つがあります。なかにはファンダメンタルもテクニカルも使わずにネットの掲示板に載っている多くの人の意見などを参考に売買している人もいるようですが。

☆プロに一歩後れを取るファンダメンタル

ファンダメンタル分析とは、会社の業績や事業内容を分析し、会社の経営状態の良し悪しから今後の株価の動きを予測したり経済指標を元に今後の分析をしたりすることです。

テクニカル分析とは、過去の株価や値動きからパターンを探り、今後の株価の動きを予測することです。会社の業績等は見ずに株価がどのように動いているのか、今の株価が高いのか安いのかだけを分析し売買する方法です。

ファンダメンタル分析を行う場合には株価が変動する原因を知らなければなりませんが、テクニカル分析の場合には何が原因で株価が動いたのかを知る必要はありません。テクニカル分析では、すべての株価変動要因は価格に内包されると考えます。つまり、株価変動にファンダメンタルの要因も内包されるので、株価変動だけを分析することが相場分析をする上でもっとも効率的であるという考え方です。

ファンダメンタル分析だけで株式投資を行う人もいればテクニカル分析だけで株式投資を行う人もいます。どちらが優れているかは一概に言うことはできませんが、我々のような一般投資家にファンダメンタルの情報が入ってくるのはプロの投資家よりもかなり後になるのは確かです。

つまり、我々がファンダメンタルだけで株式投資をするのはプロ投資家と比べてかなり不利であるということが言えるのです。

☆プロと同条件で投資できるテクニカル

テクニカル分析を使って株式投資を行う場合は、プロであろうと一般投資家であろうとほぼ同じタイミングで株価の動きを知ることができます。スウィングトレードはもちろん、デイトレードを行う場合でもプロと同じタイミングで株価の動きを知ることができます。

テクニカル分析であればプロも一般投資家も同条件で株式投資をすることができるのです。

この本ではファンダメンタル分析による手法ではなくテクニカル分析による手法を使い、株式投資で儲ける方法を書いていきます。そしてテクニカルに使うチャートは日足をベースにした手法で行いますので、プロと全く同じ条件での株式投資を行うことができるのです。

我々、一般投資家が株式投資をする場合に、ファンダメンタル分析とテクニカル分析勝つのはどっちか？　と問われれば、私は迷わずにテクニカル分析だと答えます。

ここから先は、実際に株式投資を行う方法を書いていきますので、コーヒーでも飲んで少し休憩してからじっくりと読んでくださいね。

　私もコーヒータイムにしますね。

2　トレンドのビッグウェーブを見分ける術

ビッグウェーブとは大きな波のことですね。トレンドのビッグウェーブという言葉だけでなんとなくこの章で伝えようとしていることがわかると思います。

☆株価の波動を見極める

私たちの日常生活にはこの波がたくさんかかわっています。海の波はもちろんのこと、ラジオ、テレビ、電話、その他の通信など「電波」という波が飛び交っています。これらの波の動きを「波動」といいます。

波動は「周波数」「波長」「波形」「振幅」という4つの要素で把握・認識されています。そしてその無数の波動のうち、波動の形態は「物質波」「電磁波」「磁気波」の3種類があります。

この世の中の物質は、有機質でも無機質でもすべての物は分子の集合体でできています。このことは中学校で習っているのでみなさんご存じでしょう。

たとえば「水」はH_2Oと表示します。2個のH（水素原子）と1個のO（酸素原子）が結合してできています。

原子はそれぞれ「原子価」という手を持っていて、他の原子といくつ結合できるかが決まっています。Oは2つの手を持っていてHはひとつの手しか持っていないのでH_2Oになります。

今の科学では高性能の電子顕微鏡で見られる限界は原子までで

す。しかし原子を見ることはできるのですが、原子を持つことはできないのです。

原子は、原子核の周りを電子が飛び回ってできています。原子核という物質（粒子）が野球のボールくらいの大きさだとすると、その周りを飛び回る電子の外周軌道は東京ドームの大きさに匹敵するのです。つまり、原子のほとんどは空間なのです。

原子というのは「もや」のようなものなのです。その「もや」のような空間を電子が飛び回っているだけなのです。

この原子核や電子はエネルギーの固まりです。つまりエネルギーとは波なのです。この世の中のものはすべて波でできていて、波動を作っています。株価のチャートも波を描きながら動いていきます。まさに波動そのものなのですね。

この世の中のものがすべて波動でできているのですから、株価の波動を見極めることができれば今後の株価がどう動くのかは簡単にわかるのではないでしょうか。

株価の波は、上昇下落を繰り返しながらトレンドを形成していきます。

☆トレンドは指標ではなく、株価の動きで特定する

まずはトレンドの定義についてお話します。

- 「トレンド」とは、ある一定期間において、ある一定方向に株価が動くことをいいます。
- 「トレンド」は常に時間との比較によって定義されます。
- 「トレンド」には、上昇トレンド（図1）と下降トレンド（図2）、横ばいのトレンドの3つがあります（48ページ図3）。

図1 上昇トレンドの例

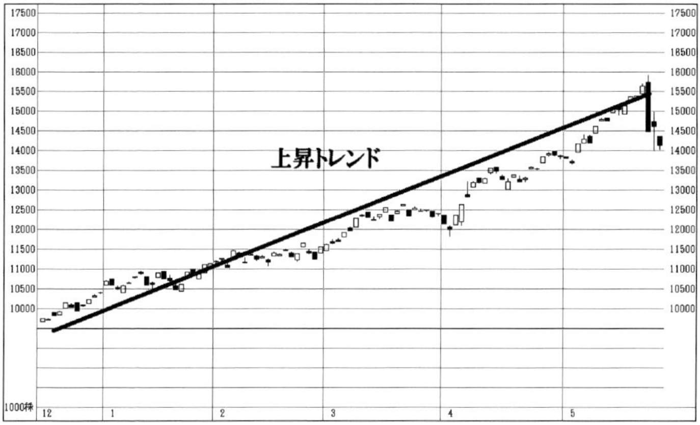

図2 下降トレンドの例

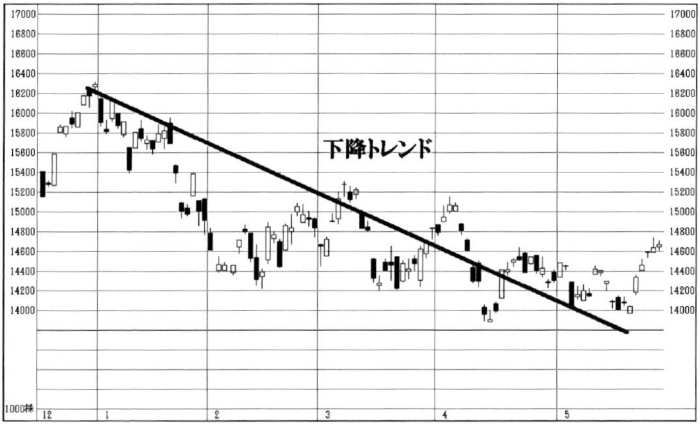

図3　横ばいのトレンドの例

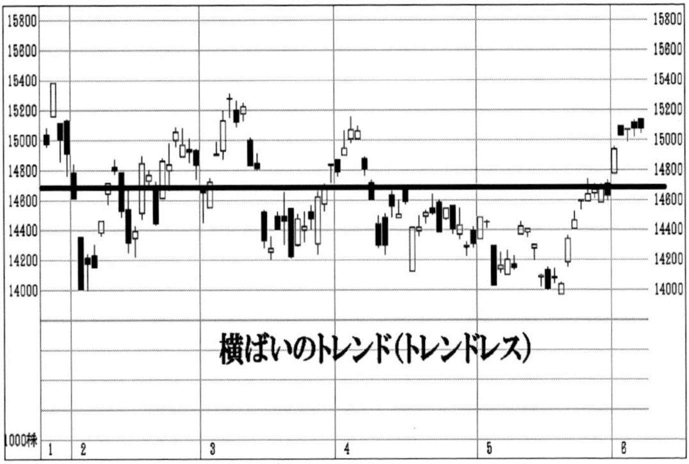

※横ばいのトレンドのことをトレンドレス（トレンドがない）と呼ぶこともあります。株式投資では、順張りでも逆張りでも上昇や下落がなければ利益を得ることはできません。上昇トレンドのときに買い仕掛け、下降トレンドのときに売り仕掛けができれば利益を上げることができます。しかし、横ばいのトレンドのときに仕掛けても利益には結びつきません。

トレンドというのは当日のトレンド、過去5日間のトレンド、過去1カ月間のトレンド、過去1年間のトレンドなどのようにすべての時間軸において発生します。

個別銘柄のスイングトレードの場合には過去1カ月程度のトレンドを利用しますが、デイトレードの場合にはそこまでの長い期間のトレンドを利用する必要はありません。

自分がどのようなトレードをするかによってトレンドを特定する時間軸を選択することになります。本書では日足をベースにした6カ月程度のトレンド判断を利用します。

では、トレンドはどのように判断すればよいのでしょうか。

これは極めて重要な問題です。多数ある指標の中からトレンドの方向性を特定する指標を選ぶことになります。しかし、同じ株価の動きをしていても指標によって上昇トレンドだったり横ばいのトレンドだったりすることがあります。トレンドを特定するための基本は指標で特定するのではなく株価の値動きで特定する方法です。

☆株価の高値・安値の判断方法

まずは株価の高値・安値の判断方法を覚えましょう。

図4をご覧ください。

図4

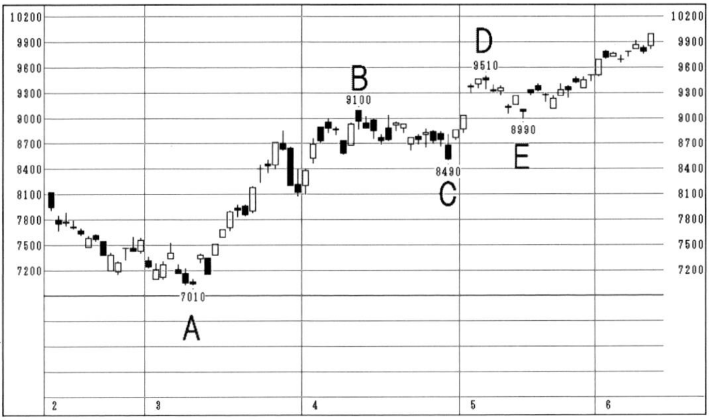

このチャートのAで買ってBで売り返済すれば大きな利益になります。この株の単位株が100株だとした場合、最低単位での売買で、9100 − 7010 = 2090となり、209,000円の利益になります。同様にBで売ってCで買い返済すると、61,000円の利益が出ます。Cで買ってDで売り返済、Dで売ってEで買い返済、これも大きな利益になります。

しかし、Aの日にAが安値であることはわかりません。同様にBの日にBが高値であることもわかりません。

では、Aが安値であるとわかるのはいつになるのでしょうか。わかりやすい方法では安値から10%株価が上昇したら直近の安値を底にする方法があります。

図4のチャートですと、Aの7010円から10%の上昇となると7711円ですから、Aから4日後に安値がわかるということになります。Bが高値であるとわかるのは8190円ですから、Cの時点でもBが高値であったとはわかりません。Cが安値であったとわかるのは9339円ですから、Cから3日後ということになります。

A − Bのように大きな上昇幅がある場合は、安値から10%上昇した時点で買っても十分な利益を得ることができますが、C − Dのように上昇幅が12%程度しかない場合は、10%上昇してから買っても、最高で2%の利益しか得ることができません。Dが高値であるとわかるのは、Dから10%下がった時点ですから、実際には2%の利益どころか損失になるのです。

利益を上げるためには、株価が10%上昇してから買っては間に合わないのです。

大きな利益を得るためには株価の高値・安値の判断は10%では

なくもっと小さな動きにする必要があります。しかし、判断基準を1%とか2%など非常に小さな数値にすると高値と安値の転換がすぐに起きることになり、天底の判断をすることができなくなってしまいます。銘柄によってはよく動く銘柄もあるし、動きの鈍い銘柄もありますので、各銘柄に合わせて4～10%の範囲で設定をするのがよいでしょう。

高値・安値の判断方法は、パーセントを使った方法とは別の方法もありますが、ここではパーセントを使った方法だけを覚えておけばよいでしょう。他の方法について知りたいという人は、私の他の書籍に書いてありますのでご覧ください。

☆株価の高値安値を使用するトレンド判断の方法

ここでは株価の高値・安値を使ったトレンド判断を見ていくことにしましょう。

上昇トレンド、下降トレンドの定義は次のようになります。

◯上昇トレンドとは、高値が切り上がり、安値も切り上がっている状態

◯下降トレンドとは、高値が切り下がり、安値も切り下がっている状態

次ページの図5をご覧ください。

図5

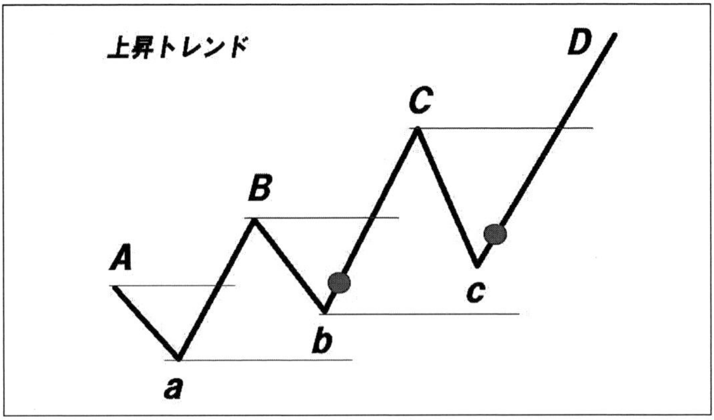

上昇トレンドを表している図です。

高値はA－B－C－Dと切り上がっています。

安値もa－b－cと切り上がっています。

そして押し目買いをするのは、丸が付いている場所です。

A－Bで高値が切り上がり、a－bで安値が切り上がり上昇トレンドと判断することができます。

bからの上昇で付いている丸は、上昇トレンドになった後の最初の上昇波動です。

B－bの動きは、a－Bの上昇に対する調整（押し目）になります。

押し目買いをするというのは、下落中に買うことではありません。下落が止まり調整終了となり、上昇開始となった時点で買うのです。

cの後の丸は、上昇トレンド中のb－Cの上昇に対する調整後の下落が止まり、調整終了となった後の上昇開始地点です。

このように、上昇トレンド中は上昇トレンドが続く限り押し目を買っていけば利益につなげることができるのです。

図6をご覧ください。

図6

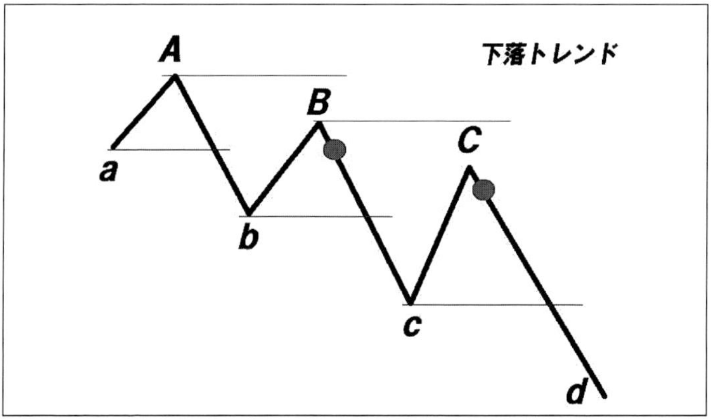

下降トレンドを表している図です。

高値はA－B－Cと切り下がっています。

安値もa－b－c－dと切り下がっています。

そして戻り売りをするのは、丸が付いている場所です。

a－bで安値が切り下がり、A－Bで高値が切り下がり下降トレンドと判断することができます。

Bからの下落で付いている丸は、下降トレンドになった後の最初の下落波動です。

b－Bの動きは、A－bの下落に対する調整（戻し）になります。

戻り売りをするというのは、上昇中に売ることではありません。上昇が止まり調整終了となり、下落開始となった時点で売るのです。

Cの後の丸は、下降トレンド中のB－cの下落に対する調整後の上昇が止まり、調整終了となった後の下落開始地点です。

このように、下降トレンド中は下降トレンドが続く限り戻しを売っていけば利益につなげることができるのです。

このような原理原則を守らないから相場をしていて損失を出すことになるのです。

明確な判断ができないトレーダーは、上昇トレンドなのに二番天井だからと言って空売りをしたり、下降トレンドなのに突っ込み買いだと言って買いに入ったりするのです。その度に損失を膨らまし、自分の大切な資金を失っていきます。そして最後には相場の世界からいなくなるのです。

このように図で見ると相場ってとっても簡単ですぐにでも利益になるように感じますよね。

しかし、実際に動いているチャートになるとこのとおりに売買をすることができない人が多いのですね。

誰もが簡単に儲かるのであれば、相場をやっている人全員がお金持ちになっているはずなのです。それなのに実際は参加者のうち9割もの人が損をしているというのですから相場っておもしろいし、厳しい世界ですよね。

相場は厳しい世界なのですが、しっかりと基本を勉強すればおもしろくて楽しい世界に変わってきますよ。

☆波動のピーク・ボトムでトレンドを判断する

株式投資で儲けるためには高値安値の判断も重要ですが、トレンドの方向を見極めることはさらに重要なことです。上昇トレンドのときに売りでエントリーしても勝てる可能性は低くなります。逆に、下降トレンドのときに買いでエントリーしても勝てる可能性は低くなります。

上昇トレンドのときには買いでのエントリーだけ。下降トレンドのときには売りでのエントリーだけ。これが儲けるためのトレードの基本となります。

先ほどは高値安値を使ったトレンド判断を見てきましたが、ここでは通常の高値安値ではなく、重要な高値と安値を使ったトレンド判断について書きますね。

次ページの図7をご覧ください。

このチャートは日経225先物の日足チャートです。日経225先物はラージ1枚で取引をした場合、10円の値動きがあると10000円の利益を得ることができます。詳しくは後述します。

株価はAからBまで一貫して上げ続けています。この期間は上昇トレンド継続となっています。この上昇トレンドを認識できれば大きな利益を上げることができます。

しかし、この話は現実的ではありません。日経225先物はSQで必ず手仕舞いしなければなりませんし、エントリーから1000円の利益が出たらほとんどのトレーダーは利食いをするのが普通です。1000円動くとラージ1枚で100万円の利益になるのですか

図7

ら利食いをしてしまうのも当然ですね。

ここで言いたいことは、トレンドは非常に重要だということをわかっていただきたいのです。トレンドに沿った売買をすれば儲かる可能性が非常に高くなるということです。

下降トレンドを見るとBからCにかけても2500円程度下落しています。ここでもトレンドの転換がわかれば大きな利益を得ることができるのです。

トレンドの判断をするためには、先ほどの高値と安値を利用します。高値から次の安値までを小さなひとつの波動とします。波動の高値安値（ピーク・ボトム）はとても重要です。しかし、トレンドの判断においてはすべてのピーク・ボトムが重要であるとは言えないのです。

図8をご覧ください。

図8

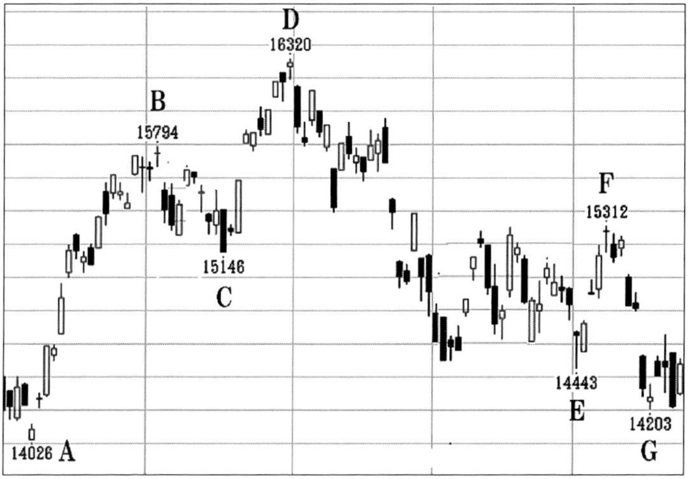

先ほどの図7の一部を拡大しています。

トレンドの判断は高値・安値の切り上げ・切り下げによって行います。直近の高値がひとつ前の高値を切り上げ、さらに直近の安値がひとつ前の安値を切り上げたら上昇トレンド入りとなります。直近の安値がひとつ前の安値を切り下げ、さらに直近の高値がひとつ前の高値を切り下げたら下降トレンド入りとなります。

図8ではA14026円の安値をC15146円の安値で切り上げました。その後、Bの高値15794円をC－Dの途中で上抜きましたので、この時点で上昇トレンド入りとなります。しかし、Dからの下落でCを下抜きましたので上昇トレンドからトレンドレスとなります。

その後E14443円が確定し、F15312円が確定した地点で高値の切り下げとなりましたので下降トレンドに転換となります。

つまり、Dからの下落でC15146円を下回った時点で、上昇トレンドが崩れることになるので買いエントリーをしてはダメなのですね。

F15312円が決まったところから下降トレンドになるので売りを考えていくことになるのです。

このようにトレンドの判断は波動のピーク・ボトムを利用して行います。トレンドの判断というのはわかってしまえば非常に簡単です。

トレンドが下降トレンドから上昇トレンドになるのを見分けるのはたったこれだけのことなのです。後はトレンドのビッグウェーブに乗っていけばいいだけですね。

3 トレンドのビッグウェーブの乗りこなし方

トレンドの見極め方についてはおわかりになったと思います。いよいよビッグウェーブの乗りこなし方について述べていきます。トレンドのビッグウェーブをつかまえることができ、その波に乗ることができれば非常に大きな利益を得ることができます。

大波を乗りこなすレッスンをさっそく始めましょう。

☆高値切り上げ・安値切り上げパターンなら、直近高値を抜く確率55.8%

上昇トレンドとは高値が切り上がり安値も切り上がった状態を言います。買いで入る場合は上昇トレンドで買うのが基本です。では、なぜ下降トレンドで買ってはダメなのか。上昇トレンドで買わなければならないのかを述べます。

次ページの図9をご覧ください。

この図は株価の高値切り上げと高値切り下げ、安値切り上げと安値切り下げのパターンを表しています。株式を買うときにこの高値と安値の条件はどのようになっているときに買うのがよいでしょう？

分類してみると図にある4つになりますね。

図9

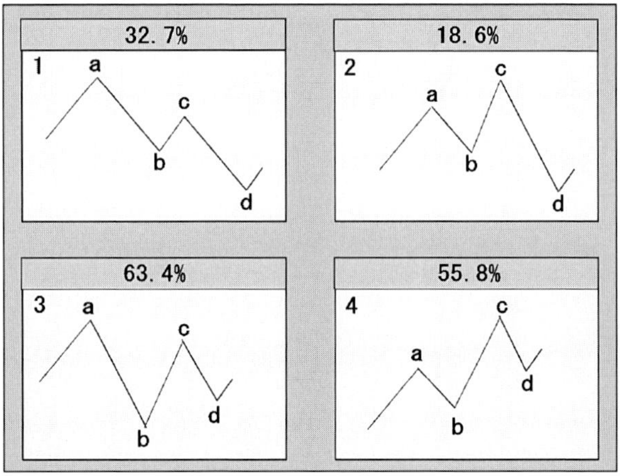

1　高値切り下げ―安値切り下げ

2　高値切り上げ―安値切り下げ

3　高値切り下げ―安値切り上げ

4　高値切り上げ―安値切り上げ

この4つのパターンのうちどのパターンが一番上昇しやすいでしょうか？

各図の上にパーセント表示を入れてあります。このパーセント表示は直近高値である「c」を上抜く平均確率です。これで見ると「3」のパターンが、一番確率が高いですね。そして次に「4」となっています。「1」と「2」は非常に低い確率となっています。

「1」は「c」を上抜く確率が高くても3割ちょっとなのです。野球の打者ならイチローに近い高打率ですが、相場では全然ダメですね。「2」は問題外です。つまり「1」と「2」のパターンの場合には買ってはいけないということです。

では、「3」と「4」は買ってもよいのでしょうか？

「3」は「a」から「c」で高値が切り下がりました。そして「b」から「d」で安値が切り上がっています。つまり「c－d」と「a－b」の関係が「はらみ」になっているのです。

「はらみ」というのは上にも下にも変化する「つなぎ」という特性を持っています。「c」を上抜いてもすぐに下に行く確率も高いのです。そして上抜き率が63.4%となっていますが、これは直近の高値が切り下がりdからcまでの値幅が狭くなった結果、上抜きしやすくなっているために高い確率が出ているだけなのです。

そうなると残るのは「4」だけとなります。相場は利益を上げるためにやるものですから、確率の低いパターンには手を出してはいけません。「4」のパターンだけが上昇トレンドなのです。他のパターンはすべて上昇トレンドではありません。上昇トレンドで買う理由はここにあるのです。

個別銘柄を選出するときには、必ずこの「4」のパターンである高値切り上げ・安値切り上げになっていることを確認してくださいね。50%から上の5.8%が私たちに多くの利益をもたらしてくれるのです。売りの場合は逆で、高値切り下げ・安値切り下げを確認して売ることになります。

☆下降トレンド突入の合図

上昇トレンドで買う理由をもうひとつ挙げます。次ページの図10と図11をご覧ください。

図10

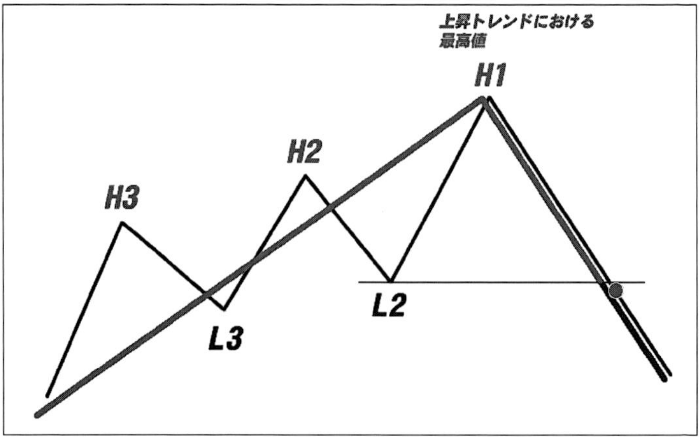

図11

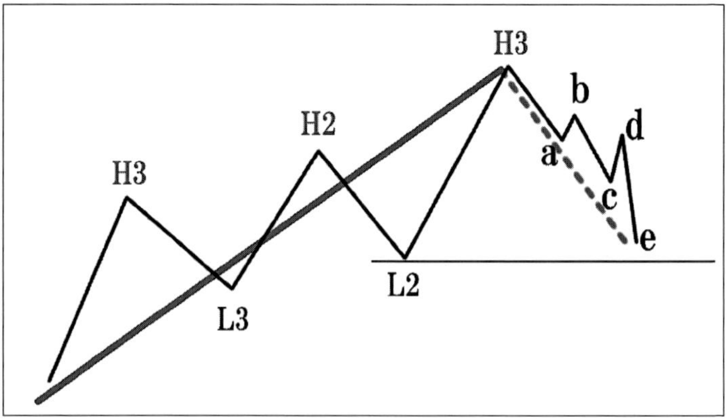

ここでは通常の高値安値を使ったトレンド判断とは少し違う重要な高値と安値を使ったトレンド判断を載せます。

トレンドとはいくつかの波動がつながって出来上がります。図

10の上昇線L3→H2、L2→H1は上昇トレンドにある場合の重要な上昇波動となります。この図でもっとも利益が大きいトレードはもちろんL3付近で買ってH2付近で利食い、L2付近で買ってH1付近で利食いです。

万が一、L3で買うのをためらいH2付近で買ったとしてもL2がL3を割り込んでいないので上昇トレンドは継続しH1付近で利食いすることができます。

図11ではまだL2を割り込んでいないので重要なピークボトムによるトレンド判断において上昇トレンドは継続、eは現在進行中であり今後L2を割り込むことなく上昇すれば上昇トレンドは継続します。しかしL2を割り込んでくると上昇トレンドは終了し、下降トレンドに突入となります。

相場が上昇トレンドであるときは、その相場で買いに入ったトレーダーは全員が利食いできる環境を与えられます。つまり、買いのトレーダーが利食いできない環境になったときに上昇トレンドが終了し下降トレンドに入ったと言えるのです。

このことは非常に単純なことなのですが、このことを理解していないトレーダーが多いのにはちょっと驚きます。これがわかれば下降トレンドで買おうという気持ちになんてならないでしょう。

☆下降トレンドから上昇トレンドへの転換を示す2パターン

上昇トレンドが利益を上げられるパターンであることがわかりました。

では次に、下降トレンドから上昇トレンドに転換する場合のパターンを見てみましょう。上昇トレンドに転換するパターンを理解できれば株式投資において利益を上げられる可能性が非常に高くなります。下降トレンドから上昇トレンドに転換するということは高値が直近の高値を切り上げ、さらに安値が直近の安値を切り上げるということでしたね。

この高値切り上げ・安値切り上げには2種類のパターンがあります。

図を見ながら説明します。図12をご覧ください。

図12

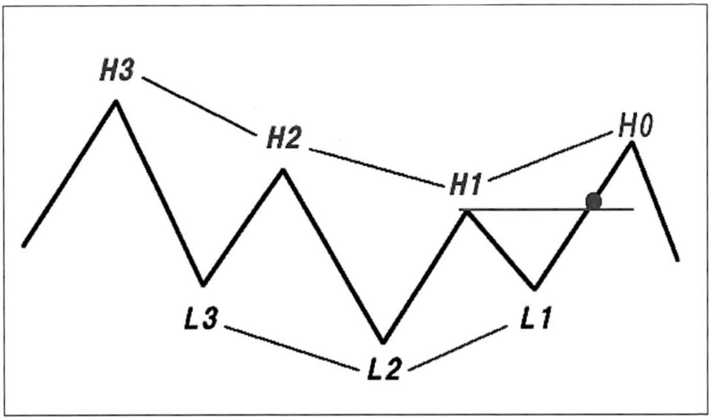

H3→H2→H1と高値が連続して切り下がっています。そして安値はL3→L2と切り下がっています。安値をL2→L1と切り上げた後、株価はH1を上回りH0まで上昇し、反落します。

まずL2→L1と安値の切り上げが確定しその後H1→H0と高値の切り上げが確定します。

H0で高値確定と書きましたが、実際には高値切り上げ・安値切り上げが確定する時点は黒丸で示している場所です。黒丸の後、どこまで上昇するかはわかりません。実際は黒丸のあとすぐにH0をつけ反落する場合もあります。

H0からの下落でH0が確定しますが、H0の確定を待たずにH1の高値を上抜いた時点でトレンドの転換が確定するのです。

ではもう一つのトレンド転換を見てみましょう。

図13をご覧ください。

図13

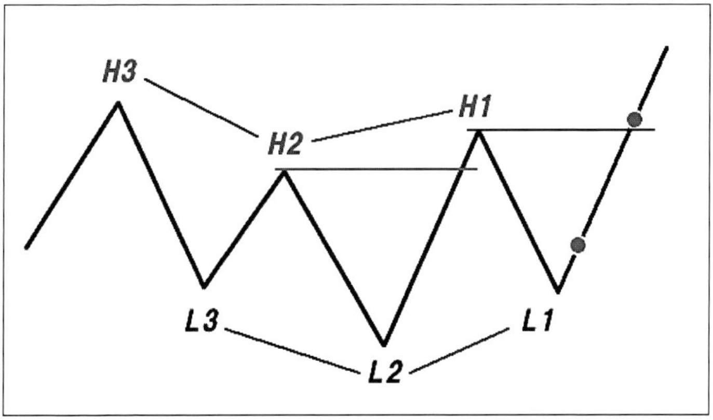

H3→H2と高値を切り下げます。その後L3→L2と安値も切り下げます。安値が切り下がった後にH2→H1と高値を切り上げ、続いてL2→L1と安値を切り上げL1からの上昇でH1を上抜き高値切り上げ安値切り上げが確定します。

L1の後の上昇でH1を上抜かずにL1を下抜く動きになると下

降トレンドへ逆戻りとなってしまいます。このパターンの場合はH1を上抜いた時点で買うのでは遅すぎます。

L1のボトムが確認できた時点で買うと大きな利益を得られることになります。

お気づきだとは思いますが、図12の転換ではL2→H1→L1という3点で上昇トレンドに転換するのに対し、図13ではH2→L2→H1→L1という4点を経てはじめて上昇トレンドに転換するのです。

図12のパターンのほうがより早く上昇トレンドへの転換を察知できるのです。

この2つのパターンをしっかりと頭に入れてトレンドのビッグウェーブを乗りこなしてくださいね。

4　株価にとって移動平均線は恋人のようなもの

移動平均線は多くの投資家が知っている指標です。

みなさんが見ているチャートにもほぼ間違いなく移動平均線が表示されていることでしょう。実はこの移動平均線というのは多くの利益を私たちにもたらしてくれます。そうなると常にそばにいてほしい、いつも一緒にいたいと思う恋人のようなものですね。

では、その最愛の恋人の姿を拝見しましょう。

☆75日線に離れては戻る、を繰り返す株価

図14をご覧ください。

図14

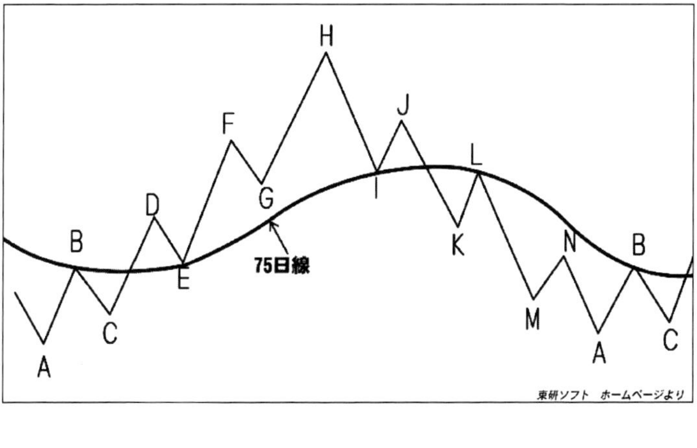

この図が恋人である75日移動平均線と株価の相関関係です。

この図は私が相場の勉強をする際に役立った、「東研ソフトさん」のホームページに載っている図を加工して使わせていただいています。

株価は75日移動平均線を中心に図のように動くのです。株価は75日移動平均線から少し離れると淋しくなってまた75日移動平均線まで戻ってきます。そしてまた離れていきます。これを繰り返していくのです。

夫婦ですと一年中同じ屋根の下で暮らしていますが、恋人同士は一緒にいる時間もあればしばらく会わずに離れている時間もあります。そして離れていると淋しくなって相手の元に戻ってくるのです。

株価と75日移動平均線は本当に恋人のような関係だと思いませんか？

では、図の説明に入りましょう。どの銘柄でも株価は原則として図のような動きになります。上昇トレンドの基本的な動きは、今まで下降トレンドであった株価がAで底を打ち、Bで75日移動平均線まで上昇します。

そしてCまで反落し、その後75日移動平均線を上回ってDまで上昇します。この時点で今までの下降トレンドは終了し上昇トレンドに転換します。Dまでの上昇をした後は75日移動平均線まで押し目を形成しEをつけます。その後はF－G－Hという動きになります。

下降トレンドのモデルは、上昇トレンドであった株価がHで天井をつけた後、75日移動平均線まで下落しIをつけます。その後Jまで戻し75日移動平均線を下回ってKをつけます。この時点で上昇トレンドは下降トレンドへと転換します。Kまで下げた株価は75日移動平均線まで戻しLとなります。その後はM－N－Aという動きになり再び大底となります。

トレードの基本は、

①株価が75日移動平均線より上に位置しているときは買いだけを考える

②株価が75日移動平均線より下に位置しているときは売りだけを考える

です。

では、買いを考えるときというのはどのようなときなのでしょうか。

☆上昇トレンドに転換し、初めての下落は75日移動平均線まで押す

トレンドのビッグウェーブを見分ける術で述べたとおり上昇トレンドの場合のみ買いを考えるのでしたね。

図で見るとA－Cで安値を切り上げB－Dで高値を切り上げていますので、上昇トレンドになるのはDからHまでです。DからHにかけて75日移動平均線とホットで熱々な状態にあるのはEですね（ホットで熱々なんて言葉、今は使わないですよね。ほとんど死語？）。

Bからの押し目であるCは、BからAまでの株価のどこで下げ

止まるのかはわかりません。Bからいくら下がったら買えばいいのかは非常にわかりづらいのです。そしてCは75日移動平均線よりも下に位置していますので買う条件を満たしていません。

次に押し目であるGは、75日移動平均線よりも上に位置していますので買いの条件は満たしていますが、75日移動平均線の上側のどこで下げ止まるのかはわかりません。Fからいくら下がったら買えばいいのかは非常にわかりづらいのです。75日移動平均線の価格で待っていても75日移動平均線までは下がってこないことが多いのです。

このことからCで買ってはいけないということがわかりGで買うことは上級者でなければ難しいということになります。「Gで買う」これがわかるようになるには非常に多くの鍛錬が必要になりますのでこの本では説明をしません。本書では一番簡単で確実な買いの方法を覚えていただきたいと思います。

ズバリ上昇トレンドの場合は、株価が75日移動平均線まで押したら買う。つまり上昇トレンドに転換した初めての下落は75日移動平均線まで押す可能性が高いので、このEまで株価が下落したら買えばいいのです。

このモデル図は株価の基本的な動きを表しています。図では大底のAからHまで記入してありますが、実際の株価の動きはHまで上昇せずにDで天井をつけ下落することもあれば、Fで天井をつけ下落し、下降トレンドに転換することもあります。

Dで天井をつけた場合には同じ株価にDとJが記入されることになります。Fで天井をつけた場合には同じ株価にFとJが記入されることになります。

☆下降トレンドの場合は、75日線まで戻したら売り

次に、売りを考えるときというのはどのようなときなのでしょうか。

トレンドのビッグウェーブを見分ける術で述べたとおり下降トレンドの場合のみ売りを考えるのでしたね。

図で見るとH－Jで高値を切り下げI－Kで安値を切り下げていますので下降トレンドになるのはKから次の大底のAまでです。KからAにかけて75日移動平均線と一番イチャイチャしているのはLですね。イチャイチャも死語か（笑）。

Iからの戻しであるJはIからHまでの株価のどこまで上昇するのかはわかりません。Iからいくら上がったら売ればいいのかは非常にわかりづらいのです。そしてJは75日移動平均線よりも上に位置していますので売る条件を満たしていません。

次に戻しであるNは75日移動平均線よりも下に位置していますので売りの条件は満たしていますが、75日移動平均線の下側のどこまで戻すのかはわかりません。Mからいくら上がったら売ればいいのかは非常にわかりづらいのです。75日移動平均線の価格で待っていても75日移動平均線までは上がってこないことが多いのです。

このことからJでは売ってはいけないということがわかりNで売ることは上級者でなければ難しいということがわかります。Nでの売り場がわかるようになるには非常に多くの鍛錬が必要になります。本書では一番簡単で確実な売りの方法を覚えていただきたいと思います。

ズバリ下降トレンドの場合は、株価が75日移動平均線まで戻したら売る。つまり下降トレンドに転換した初めての上昇は75日移動平均線まで戻す可能性が高いので、このLまで株価が上昇したら空売りすればいいのです。

先ほども述べたようにこのモデル図は株価の基本的な動きを表しています。図では天井のHから大底のAまで記入してありますが、実際の株価の動きはAまで下落せずにKで大底をつけ上昇することもあれば、Mで大底をつけ上昇し、上昇トレンドに転換することもあります。Kで大底をつけた場合は同じ株価にKとAが記入されます。Mで大底をつけた場合には同じ株価にMとAが記入されます。

またモデル図では、Bの位置で株価が75日移動平均線とタッチしていますが、実際の株価の動きは完全に75日移動平均線にタッチしたところで上昇が終わり下落するのではなく75日移動平均線のちょっと下で反落することもあれば75日移動平均線を越えてから上げ止まり下落することもあります。

Eも同じように75日移動平均線まできっちりと押し目をつける場合もありますが、75日移動平均線よりもちょっと上で押し目が終了することもありますし、75日移動平均線を下回ったところで押し目が終了することもあります。Gに関してもモデル図では75日移動平均線より上にカイリして押し目が終了していますが、75日移動平均線まで押すこともあります。

下降トレンドについても同じことが言えるので、Iは75日移動平均線にタッチしないで下落が終了することもあれば75日移動平均線を下回って下落が終了となることもあります。

ここらへんが実際の株価をこのモデル図に当てはめたときに迷ってしまう理由になると思います。多くのチャートにモデル図を当てはめる練習をすると簡単に記号を記入できるようになりますのでできるだけ多くのチャートを見てくださいね。

次の項では実際のチャートにモデル図の記号を当てはめて私たちのふところを潤してくれる買うべき場面売るべき場面を覚えることにしましょう。

5　度胸一発、絶対に買わなければいけないチャートはこれだ!

この項では実際の株価の動きに先ほどのモデル図に載っている記号を当てはめて、大きな利益の取れる場面を覚えることにしましょう。

もう一度先ほどのモデル図をご覧ください。

図14

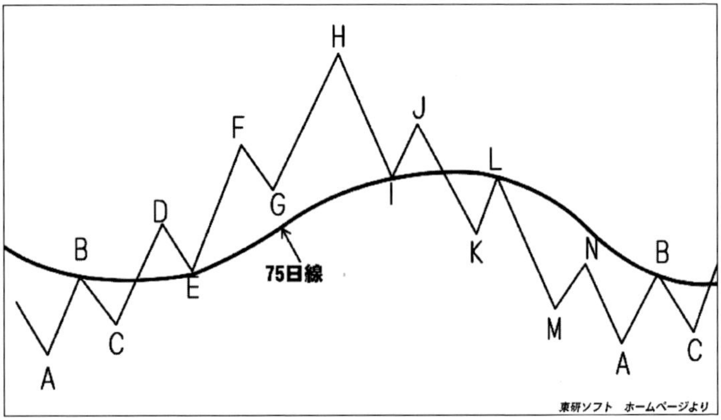

東研ソフト　ホームページより

☆モデル図に重ねてみれば一目瞭然

それでは実際の株価の動きを見てみましょう。

図15をご覧ください。この図は王子製紙（3861）の2013年6月～2014年6月までのチャートです。

図15

このチャートには載っていませんが、株価は2012年10月15日に212円の安値を付け、大底のAになりました。

2013年6月4日に334円の安値を付けました。ここは75日移動平均線を少し下回ったところで反発し上昇に転じています。

モデル図において株価が75日移動平均線まで下落するのは、EまたはIだけです。Eは上昇トレンドにおける押し目であり、Iは上昇トレンドから下降トレンドへの転換の可能性がある場面です。

2012年10月以降は上昇トレンドになっていますので上昇トレンドが継続することを仮定してここは買える場面ということになります。

334円の後は458円まで上昇し、408円のボトムを付けた後の上昇では448円で上げ止まり392円まで下落しました。

高値安値の推移を見ると下降トレンドになっていますが、Fの458円の前の安値334円からは大きく上昇したままです。

重要な安値は割り込んでいませんので上昇トレンド継続と判断することができます。

よって、392円から上昇して75日移動平均線回復の動きになれば買えるということです。その後も株価は75日移動平均線から離れては近づき、離れては近づくという恋人同士のような動きが続きました。このチャート上では買いのチャンスであるEが4回も訪れたということになります。

2013年12月の高値546円を付けた後は今までの下落とはちょっと違う動きになりました。

2013年6月から12月までは75日移動平均線を下回ることはあっても大きく下回ることはありませんでした。

しかし、2014年1月から2月の下落では75日移動平均線を大きく下回ってきました。

444円の安値を付けた後の上昇では直近高値である546円のFに届かずにピークを付け反落の動きとなりました。

そして444円を下回ってしまうのです。

546円からの下落はモデル図のIおよびJを省略してK－Lの動きになったということです。K－Lの動きになれば、今後は買いではなく売りで参加することになります。

508円のLを付けた後はモデル図どおりの動きになり、430円でMを付け470円でNになりました。

470円の下落の後の安値411円は大底であるAになる可能性がありましたが、411円からの上昇では470円を上抜くことができずに反落し411円を下回りましたのでMとNが繰り返されることになります。

そして2014年5月の安値404円にはモデル図のAが振ってあります。

このAも確定ではないのですね。

今後451円を上抜けずに反落し404円を下回る動きになると404円はAではなくMということになります。

546円のFからの動きは上昇トレンドが崩れ下降トレンドに転換しました。

75日移動平均線を割り込んだ後のKからは買える動きではなくなったのですね。

そして逆に売れるチャートに変化したのです。

このようにモデル図をチャートに当てはめることができれば非常に大きな利益を得ることができるのです。

参考にもう1銘柄チャートを載せます。

次ページの図16をご覧ください。

コムシス（1721）のチャートです。

2月の安値1395円は大きく75日移動平均線を下回りましたが他の押し目はしっかりと75日移動平均線で止まっています。

このチャートでも75日移動平均線がしっかりと機能していることがわかりますね。

本書では紙面の都合上2銘柄のみの掲載になっていますが、同じように他のチャートにもモデル図の記号を当てはめて確認してください。上昇トレンドのときは75日移動平均線までの押し目

図16

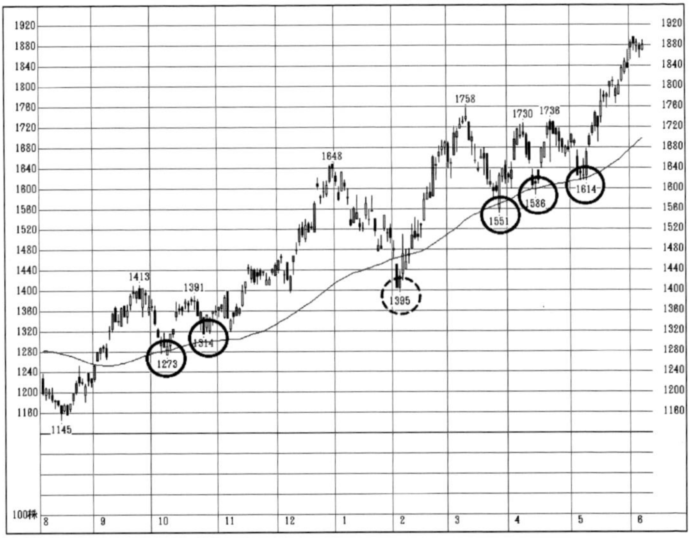

は買い、下降トレンドのときは75日移動平均線までの戻しは売りということがわかります。多くの銘柄で75日移動平均線が機能していることを確認してくださいね。

自分で確認することによって、それが自信になり躊躇なくエントリーできるようになりますから。

☆モデル図に合わない銘柄は除外する

このモデル図は株価の基本的な動きを表しています。100%このモデル図のとおりに株価が動くということではありませんが、多くの場合このモデル図に当てはまります。

このモデル図の動きに当てはまらない場合は、その銘柄が何かしらの原因により特殊な動きをしているということです。そのような銘柄には手出しをしないことです。

なんといっても日本で取引のできる銘柄は非常に多いのですからわざわざモデル図に合わない銘柄を売買する必要はありません。私たちは、自分の資金を増やすために株式投資をしているのですからわかりやすい銘柄だけ取引をすればいいのです。

☆具体例で練習してみよう

図17をご覧ください。

図17

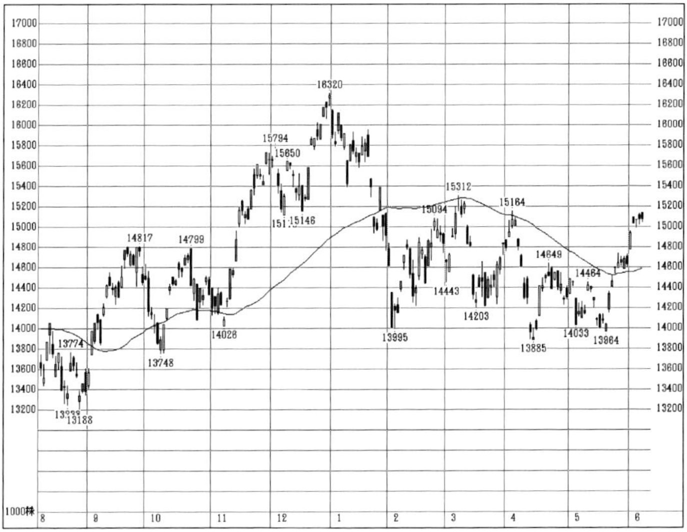

我々に馴染みの深い日経平均のチャートです。2013年8月から2014年6月上旬までのチャートです。このチャートに記号を記入してみてください。一目でわかるのは2013年12月の高値16320円がモデル図のHになるということですね。

では、Hの前の上昇トレンドの記号はどうなるでしょう。また16320円の後の下降トレンド時の記号はどうなるでしょうか。

次にすべての記号を記入したチャートを載せます。ここにモデル図に合わせた記号が入力してありますので確認していきましょう。

図18をご覧ください。

図18

2013年8月の安値13188円からの上昇では75日移動平均線を上回り14817円まで上昇しました。

株価が75日移動平均線の下から上に抜けるのはモデル図ではC－Dの動きだけです。

よって、13188円はCであることが確定しました。

13188円がCであるということは、その後の高値はDになります。

14817円がDであることになると、Dからの下落は75日移動平均線で止まりEをつける可能性が高くなります。

14817円からの下落は75日移動平均線を若干下回りましたが13748円で下げ止まり反発しています。

この13748円はモデル図のEに当たります。

ここからの上昇は買えるということになります。

13748円を付けた後の上昇ではDの14817円を上回ることができずに反落しました。

この下落が13748円を下回るような下落になっていれば14799円はモデル図のJになりますが、75日移動平均線近辺である14026円で下げ止まり再び上昇に転じ、Dの14817円を上回る動きになりました。

14799円と14026円に記号が振っていない理由は、14799円－14026円という波動は、その前の波動14817円－13748円にはらんでいるからです。

前の波動の高値も安値もブレイクしていないので、重要な高値にも安値にもならないのです。

よって、ここでの記号は振られません。

14026円からの上昇は11月末に15794円までの上昇になりました。

Eの後の上昇ですので、ここはFが振られることになります。

そして15794円からの下落は75日移動平均線まで下落せずに下げ止まり上昇して15794円を上回る動きになりました。

ここはモデル図どおりの動きですね。

15794円がFになり15146円はGになります。

そして、12月末の16320円がモデル図の最高値であるHとなり反落しました。

16320円のHからの下落はモデル図どおりであれば75日移動平均線で下げ止まりIをつけることになりますが、75日移動平均線を一気に下回り13995円まで下落しました。

この動きにより、13995円はIではなくKであることがわかりました。

Kからの上昇は75日移動平均線までになります。15094円で上げ止まった後は14443円までの下落になりました。

15094円がLになるのであれば、そこからの下落は直近安値であるKの13995円を下回ってこなければなりません。しかし、13995円を下回ることなく上昇し15094円を上にブレイクしました。15094円および14443円はモデル図の記号として当てはまるものがありませんので記号を振っていません。

14443円からの上昇は75日移動平均線で止められ15312円のピークを出しました。

75日移動平均線で上昇が止まるのはモデル図ではBまたはLだけです。

次の高値が15312円を上抜くことになれば15312円はBになります。逆に次の高値が15312円よりも下で確定した場合にはBではなくLになります。

今回は15312円の後の安値14203円からの上昇で15312円を上抜くことなく高値が確定し、その後13995円を下回りましたので15312円はLであることが確定しました。

KとLが2回ずつ振られているのは、14203円が直近安値の13995円を下回らずに確定した後に15312円を上回ることができずに反落したためです。

14203円－15164円という波動は13995円－15312円の動きにはらんでいるので記号を振らなくてもよいのですが、ここではわかりやすいように記号を振っています。

ここの記号を省略するかどうかは、見る人によって変えてもよいでしょう。

15164円の後は最安値である13885円を付け反発しました。

13885円からの上昇は75日移動平均線近くの14649円まで上昇し反落しています。

14033円で下げ止まり上昇しましたが14649円を上回ることはできずに下落しています。

しかし、13885円を下回るような大きな下落にはならずに13964円で下げ止まりその後の上昇では75日移動平均線を大きく越えてきました。

13885円にはMとAの2つの記号が振ってあります。

これは、13885円はMにもAにもなる可能性があったので2つの記号を振ってありますが13964円からの上昇が75日移動平均線を大きく上回ったことと共に上昇トレンドに転換したのでAということになります。

現在はCからの上昇途中になっていますので、今後つける高値がモデル図のDになってきます。

つまり、この後高値をつけた後の下落は75日移動平均線で下げ止まる可能性が高くなり絶好の買い場になってくると考えられます。

75日移動平均線はこんなにも簡単にエントリーポイントがわかり、誰にでも簡単に売買ができ、そして利益を上げることができる可能性を秘めているのです。ですから私は75日移動平均線のことを「魔法の移動平均線」と呼ぶのです。

ぜひ、この魔法の移動平均線をマスターして楽しい株式投資をしてくださいね。

6 1日10分で明日のエントリー銘柄を探そう

今までの説明で個別銘柄の基本的な売買方法がわかったと思います。あとは現在の株価が75日移動平均線モデル図の記号Eに合致する銘柄を探せばいいだけです。

☆スクリーニング機能を活用しよう

スクリーニング機能を使えばあっという間に希望条件に合った銘柄を検索することができます。スクリーニング機能とは自動的にスクリーニング（条件を設定して銘柄を選別しふるいにかけること）を行ってくれる機能のことです。

スクリーニング機能は、専用のスクリーニングソフトを使う場合もありますし、大抵のネット証券の情報ツールにもスクリーニング機能が備わっています。PERやPBRの数値を自由に変更したりテクニカルを利用したさまざまなスクリーニング機能がありますが、ソフトや証券会社によって使い方が若干異なるようです。

ここでは証券会社のスクリーニング機能を使って、簡単に魔法の移動平均線を利用して75日移動平均線モデル図の記号ＥやＬに合致する売買候補銘柄を選ぶ方法をお伝えします。

今回は楽天証券のスクリーニング機能を利用してみましょう。楽天証券に口座を開設するとスクリーニング機能が無料で利用できるようになります。

早速楽天証券のホームページにログインしてみましょう。

図19をご覧ください。

図19

楽天証券の会員ページにログインをして国内株式タブを開きスーパースクリーナーをクリックするとスーパースクリーナーの画面になります。

スーパースクリーナーの画面で買いの条件を入力します。

図20をご覧ください。

図20

コード▲	銘柄名	市場	現在値	前日比(%)
1301	極洋	東1	261	-1 (-0.38%)
1305	ダイワ上場投信ートピックス	東ETF	1,284	0 (0.00%)
1306	TOPIX連動型上場投資信託	東ETF	1,273	+1 (+0.08%)
1308	上場インデックスファンドTOP	東ETF	1,259	+1 (+0.08%)
1309	上海株指数・上証50連動型上場	東ETF	17,600	+60 (+0.34%)
1310	ダイワ上場投信ートピックス・コ	東ETF	637	+1 (+0.16%)
1311	TOPIX Core 30 連	東ETF	656	+1 (+0.15%)
1312	ラッセル野村SCCインデックス	東ETF	13,950	+150 (+1.09%)
1313	サムスンKODEX200	東ETF	2,617	+55 (+2.15%)
1314	S&P日本新興株100	東ETF	1,110	+11 (+1.00%)
1316	TOPIX100 日本大型	東ETF	819	0 (0.00%)
1317	TOPIX M400 日本中型	東ETF	--	-- (--%)
1318	TOPIX S 日本小型	東ETF	--	-- (--%)
1319	日経300株価指数連動型上場投	東ETF	227	-3 (-1.30%)
1320	ダイワ上場投信ー日経225	東ETF	15,540	+50 (+0.32%)
1321	日経225連動型上場投資信託	東ETF	15,530	+50 (+0.32%)
1322	中国A株パンダCSI300	東ETF	2,766	0 (0.00%)
1323	NF南アTop40連動型投信	東ETF	365	+3 (+0.83%)
1324	NFロシアRTS連動型投信	東ETF	117	+1 (+0.86%)
1325	NFボベスパ連動型上場投信	東ETF	190	+4 (+2.15%)
1326	SPDRゴールド・シェア	東ETF	12,360	0 (0.00%)
1327	イージーETF GSC商品指数	東ETF	4,705	-85 (-1.77%)
1328	金価格連動型上場投資信託	東ETF	3,525	+5 (+0.14%)
1329	iシェアーズ日経225 ETF	東ETF	15,580	+30 (+0.19%)
1330	上場インデックスファンド225	東ETF	15,590	+40 (+0.26%)
1332	日本水産	東1	327	0 (0.00%)
1333	マルハニチロ	東1	1,620	-5 (-0.31%)

◯で囲んだ部分に必要な情報を入力します。

まずは市場を選択します。

すべての市場を対象にするのであればすべてのチェックボックスにチェックを入れます。

東証一部だけを対象とするのであれば、東証一部をクリックします。

次に投資予算金額です。自分の資金が今現在いくらあるのか。

そしてその資金を何銘柄に分散して投資するのかを決め1銘柄

あたりの金額を入力します。たとえば資金が500万円あって5銘柄に分散投資をするのであれば投資予算金額は100万円となります。市場は出来高が多い市場がよいのでここでは東証一部にしてみましょう。

上記の入力が終わったらいよいよ移動平均線に関する情報の入力です。

「＋検索条件を追加」をクリックすると図21の画面になります。

図21

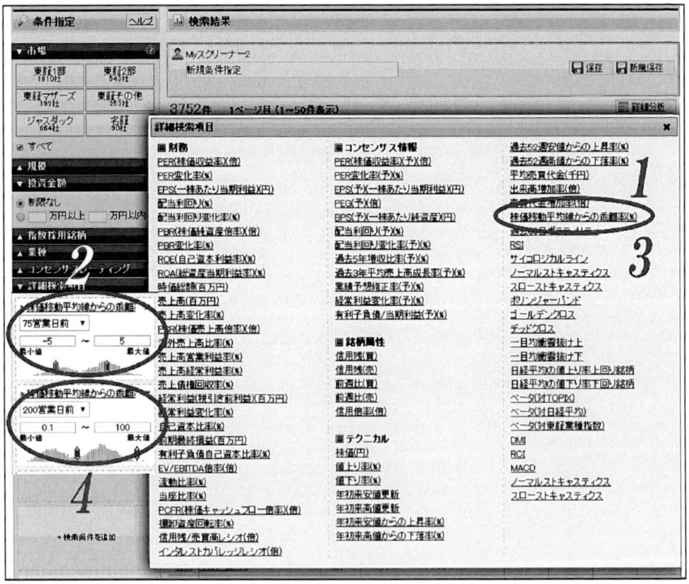

1.　株価移動平均線からの乖離率（%）をクリックします。
2.　期間を「75日営業日前」、最小値を「－5」、最大値を「5」と入力します。

これは、株価が75日移動平均線の上下5%以内に入っている銘柄を検出する条件です。

3.　もう一度、株価移動平均線からの乖離率（%）をクリックします。
4.　期間を「200日営業日前」、最小値を「0.1」、最大値を「100」と入力します。

魔法の移動平均線は75日移動平均線ですが、これだけでは買い候補売り候補ともに検出されます。買い候補と売り候補の両方が検出されるとチャートで確認するときにごちゃごちゃになってしまいますので、分けて検出できるようにしたいと思います。

買いの基本を思い出してください。

①株価が75日移動平均線より上に位置しているときは買いだけを考える
②上昇トレンドの場合は、株価が75日移動平均線まで押したら買う

でしたね。

つまり、上昇トレンドのときだけ買いを考えるということです。

上昇トレンドの定義は高値切り上げ・安値切り上げでした。しかしスクリーニング機能では高値安値の切り上げを条件設定することはできません。多くの銘柄を見ていると上昇トレンドにある銘柄は株価が200日移動平均線の上側に位置していることが多い

ということがわかります。

そこで上昇トレンドの条件を株価が200日移動平均線よりも上に位置しているということにします。これで上昇トレンド中に株価が75日移動平均線の上下5%以内に入っている銘柄をスクリーニングできるのです。

条件の入力が終わったらすぐに検索結果が反映されます。

図22をご覧ください。

図22

Myスクリーナー1

モデル図E・L適合銘柄

保存　新規保存

【株価移動平均線からの乖離率(%)－75営業日前(-5～5)】【株価移動平均線からの乖離率(%)－200営業日前(0.1～100)】

99件　1ページ目（1～50件表示）

詳細分析

最終更新日時: 2014年6月9日 19:25

最初へ 前へ　1 2　次へ 最後へ

コード▲	銘柄名	市場	現在値	前日比(%)	投資金額	株価移動平均線からの乖離率(%)－75営業日前	株価移動平均線からの乖離率(%)－200営業日前		
1677	上場インデックスファンド外債	東ETF	53,700	0 (0.00%)	537,000	0.30	2.72		
1718	美樹工業	JQ	307	+2 (+0.66%)	307,000	3.79	5.47		
1737	三井金属エンジニアリング	東2	729	0 (0.00%)	729,000	0.58	6.47		
1738	NITTOH	名2	406	+1 (+0.25%)	406,000	−0.06	1.53		
1770	藤田エンジニアリング	JQ	411	0 (0.00%)	411,000	−0.19	1.18		
1782	常磐開発	JQ	313	+4 (+1.29%)	313,000	3.45	14.55		
1807	佐藤渡辺	JQ	310	+15 (+5.08%)	310,000	0.96	2.36		
1904	大成温調	JQ	427	−6 (−1.39%)	427,000	0.33	3.12		
1905	テノックス	JQ	540	0 (0.00%)	540,000	−2.90	16.32		
1933	西日本システム建設	東2	330	+6 (+1.85%)	330,000	0.28	8.13		
1935	TTK	東2	453	+1 (+0.22%)	453,000	0.10	1.51		
1938	日本リーテック	東2	769	+8 (+1.05%)	769,000	1.23	3.86		
1960	サンテック	東2	474	+1 (+0.21%)	474,000	−3.50	2.78		
1994	高橋カーテンウォール工業	JQ	420	+14 (+3.45%)	420,000	3.60	53.04		
2138	クルーズ	JQ	4,680	+10 (+0.21%)	468,000	−1.64	13.55		
2221	岩塚製菓	JQ	5,210	−60 (−1.14%)	521,000	−4.15	1.26		
2268	B−R サーティワン アイス	JQ	4,320	+15 (+0.35%)	432,000	2.62	3.29		
2291	福留ハム	東2	332	0 (0.00%)	332,000	−3.94	0.47		
2573	北海道コカ・コーラボトリング	東2	525	+3 (+0.57%)	525,000	4.14	5.39		
2782	セリア	JQ	4,245	−10 (−0.24%)	424,500	3.99	11.99		
2805	エスビー食品	東2	3,800	0 (0.00%)	380,000	0.55	1.49		
2817	ギャバン	JQ	620	0 (0.00%)	620,000	1.47	7.38		
2903	シノブフーズ	東2	422	+2 (+0.48%)	422,000	3.03	4.02		
3226	日本アコモデーションファンド	東REIT	367,500	+3,500 (+0.96%)	367,500	3.21	5.35		
3240	野村不動産レジデンシャル	東REIT	549,000	+5,000 (+0.92%)	549,000	0.24	2.66		

検索結果はこのように表示されます。

株価移動平均線からの乖離率（%）－75営業日前の数値がプラス表示のものは株価が75日移動平均線よりも上に位置している銘柄で、マイナス表示の銘柄は75日移動平均線よりも下にあるものです。

この検索結果をもとに各銘柄の日足のチャートを見てモデル図の記号Eに当てはまるものを探せばよいのです。東証一部だけで検索しても検索結果が100銘柄以上になる場合が多いので、そのときには条件の株価を「300円から500円」に設定するなど自分の好みの株価にしてもよいでしょう。

最初は75日移動平均線のモデル図を株価に当てはめる練習のためにより多くのチャートを見ることをお勧めします。

☆下降トレンドにある銘柄を探そう

では次に、売り銘柄候補の検出の仕方に移りましょう。

次ページの図23をご覧ください。

投資予算金額や市場そして75営業日前の株価移動平均線からの乖離率（%）の入力は買い銘柄候補検出と全く同じ条件になります。

◯で囲んだ200営業日前の株価移動平均線からの乖離率（%）の入力のみが変更になります。

最小値を「－100」、最大値を「－0.1」にしてください。

売りの基本を思い出してください。

①株価が75日移動平均線より下に位置しているときは売りだけを考える。

図23

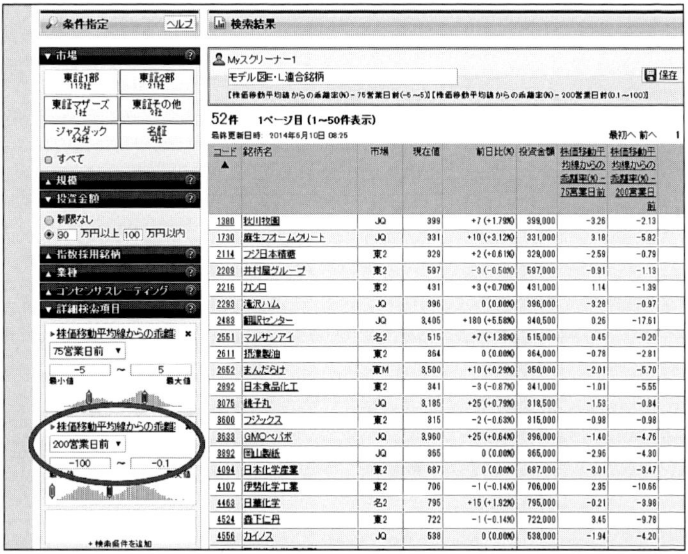

コード▲	銘柄名	市場	現在値	前日比(%)	投資金額	株価移動平均線からの乖離率(%)－75営業日前	株価移動平均線からの乖離率(%)－200営業日前
1380	秋川牧園	JQ	399	+7 (+1.79%)	399,000	-3.26	-2.13
1730	麻生フオームクリート	JQ	331	+10 (+3.12%)	331,000	3.18	-5.82
2114	フジ日本精糖	東2	329	+2 (+0.61%)	329,000	-2.59	-0.79
2209	井村屋グループ	東2	597	-3 (-0.50%)	597,000	-0.91	-1.13
2216	カンロ	東2	431	+3 (+0.70%)	431,000	1.14	-1.39
2293	滝沢ハム	JQ	396	0 (0.00%)	396,000	-3.28	-0.97
2483	翻訳センター	JQ	3,405	+180 (+5.58%)	340,500	0.26	-17.61
2551	マルサンアイ	名2	515	+7 (+1.38%)	515,000	0.45	-0.20
2611	攝津製油	東2	364	0 (0.00%)	364,000	-0.78	-2.81
2652	まんだらけ	東M	3,500	+10 (+0.29%)	350,000	-2.01	-5.70
2892	日本食品化工	東2	341	-3 (-0.87%)	341,000	-1.01	-5.55
3075	銚子丸	JQ	3,185	+25 (+0.79%)	318,500	-1.53	-0.84
3600	フジックス	東2	315	-2 (-0.63%)	315,000	-0.98	-0.98
3633	GMOペパボ	JQ	3,960	+25 (+0.64%)	396,000	-1.40	-4.76
3892	岡山製紙	JQ	365	0 (0.00%)	365,000	-2.96	-4.30
4094	日本化学産業	東2	687	0 (0.00%)	687,000	-3.01	-3.47
4107	伊勢化学工業	東2	706	-1 (-0.14%)	706,000	2.35	-10.66
4463	日華化学	名2	795	+15 (+1.92%)	795,000	-0.21	-3.98
4524	森下仁丹	東2	722	-1 (-0.14%)	722,000	3.45	-9.78
4556	カイノス	JQ	538	0 (0.00%)	538,000	-1.94	-4.20

②下降トレンドの場合は、株価が75日移動平均線まで戻したら売る。

でしたね。

つまり下降トレンドのときだけ売りを考えるということです。

下降トレンドの定義は、高値切り下げ・安値切り下げでしたね。しかしスクリーニング機能では、高値安値の切り下げは条件設定できません。多くの銘柄を見ていると、下降トレンドにある銘柄は、株価が200日移動平均線の下側に位置していることが多いことがわかります。

そこで下降トレンドの条件を株価が200日移動平均線よりも下に位置しているということにします。これで下降トレンド中に株価が75日移動平均線の上下5%以内に入っている銘柄をスクリーニングできるのです。

条件の入力が終わったらすぐに検索結果が右側に表示されます。後は買い候補のときと同じようにこの検索結果をもとに各銘柄の日足のチャートを見てモデル図の記号Lに当てはまるものを探せばよいのです。

東証一部だけで検索しても検索結果が100銘柄以上になる場合が多いので、そのときには株価を「300円から500円」に設定するなど自分の好みの株価にしてもよいでしょう。

売り銘柄についても最初は75日移動平均線のモデル図を株価に当てはめる練習のためにより多くのチャートを見ることをお勧めします。

売りは苦手だという人は、初めは買い候補のチャートだけを見て勉強していただいてもいいと思います。実は買いも売りも両方やるほうが株式投資では有利だということはこの後の章で説明させていただきますから売り候補のチャートを勉強するのはそれからでも遅くはありません。

第2章　誰も知らない！

日経225先物の必勝売買手法

1 魅惑の日経225先物

株式投資と言えばまず、頭に浮かぶのは現物株の取引でしょう。これはすでにみなさんも経験されていると思います。そして個別銘柄の信用取引をされている人も多くいらっしゃるでしょう。

では、日経225先物取引をしたことのある方はどのくらいいらっしゃるのでしょう。

投資家全体から見れば非常に少ない割合かもしれませんね。

それは日経225先物の魅力が伝わっていないからかもしれません。

次章では日経225先物を利用したヘッジ取引の方法を述べようと思っているのですが、その前に日経225先物取引とはなんなのか。そして日経225先物の魅力についてちょっと述べてみたいと思います。

☆効率の良いお金の稼ぎ方は?

投資商品の中でも先物というと悪いイメージが先行しているようです。「だまされる」とか「家まで持っていかれる」とか(笑)。でも、本当に笑いごとではないのかもしれません。投資のやり方次第では家まで持っていかれる可能性が十分にあるのです。しかし、リスク管理さえしっかりしていればこんなに楽しく儲けられる可能性のある取引はないと思います。

日経225先物は株価指数先物取引と呼ばれる投資商品です。株価指数先物取引とは株価指数を将来の一定の期日に、現時点で取り決めた条件で取引することを約束する取引のことです。なんか難しいですね。

日経225先物は大阪証券取引所に上場している株式先物で、日経平均株価を対象とした株価指数先物取引のことです。簡単に言うと毎日の経済ニュースで必ず出てくる日経平均が今後上がるか下がるかを予想する取引です（予想という言葉は嫌いなんですけどわかりやすいように使っています）。

日経平均が将来上がると思う人は日経225先物を買えばいいし、下がると思う人は売ればいいのです。日経225先物という金融商品には株券やその実体はないのです。

日経225という会社が存在するわけではないので株券は存在しないんですね。株券のないものを売り買いするわけなのでどこかで決済をしなくてはなりません。

そのお金のやりとりをする期限は、SQといって1年間に12回あります。毎月第2金曜日がSQになります。そしてメジャーSQと呼ばれるものが年間に4回あります。3・6・9・12月の第2金曜日がその日に当たります。メジャーSQの日まで保有している日経225先物は強制的に決済が行われます。また取引をしてもメジャーSQまで買いっぱなし、売りっぱなしにする必要はありません。その日に買ってその日に売ることもできます。

日経225先物は売買の最低取引単位が1枚です。この先物1枚は日経225先物価格の1000倍になります。つまり今の日経平均が15000円ならこの価格で買った場合15000円の1000倍、1500万円分の日経225を買ったことになります。

でも、1枚を買うのに1500万円もの大金は必要ありません。それは証拠金取引という方法で売買が行われるからです。

さて、ここで質問です。本書を読んでいるあなたはなぜ株をやるのでしょう。あなたはなぜ株をやりたいのでしょう。

①株主優待があるから
②配当がもらえるから
③株で儲けたいから
④趣味

さあ、あなたはどれ？

私はもちろん③です。あなたは効率の良いお金の稼ぎ方を知ってますか？

それは少ないお金で多くの利益を出すことです。

効率の良いお金の稼ぎ方とは、できるだけ少ない元金でできるだけ多くの利益を上げることなのです。商売というのはいくら売り上げが多くても利益が少なければ苦労をするだけで何の意味もありませんよね。売り上げが多くて赤字の会社なんてこの世の中にはたくさんあります。そんなの商売ではないと私は思っています。それでは何のために商売をしているのかわかりません。

私は趣味で商売をしているのではありません。私は趣味で株式取引をしているのでもありません。たまに趣味で商売をしている人や趣味で株をやっている人もいます。本当はそういう人が結構多かったりして（苦笑）。

それでは本題に入りましょう。

☆レバレッジが効く上に、流動性が高い

ある個別銘柄の株価が5000円だとします。最低売買単位が100株だとした場合、50万円が必要となります。この株を5000円で買って5500円で、売ったとします。その場合5万円の利益を得ることができます。5000円の株が5500円になったのですから10%上がったということですね。

では、日経225先物の場合はどうなるでしょう。日経225先物ラージを1枚買う場合には証拠金が必要です。証拠金は日経平均の動きによって変わってきますがだいたい50万円から100万円の間です。ここでは証拠金が50万円だと仮定して話をさせていただきます。50万円の証拠金ですと5000円の株を100株買うのとほぼ同じ金額ですね。日経225先物を10000円で買って10%の利益を乗せて11000円で利食いした場合、100万円の利益になるのです。

ほぼ同じ投資金額なのに個別銘柄では5万円の利益ですが、日経225先物では100万円の利益になります。個別株と比べると20倍の利益になるのです。同じ投資金額で大きな利益を得られる、これは先ほど書いた商売の鉄則ですね。

日経225先物は証拠金取引という方法で売買ができますのでこのようなことが起きるのです。

日経225先物取引を行う場合、投資家は取引するために必要な証拠金を取引する証券会社に差し入れなければなりません。日経225先物取引の委託証拠金は、取引全体の建玉から発生するリスクに応じて金額を算出する方式を採用しています。これもまた難

しいですね。

簡単に言うと決められた証拠金を証券会社に預けると日経225先物を買ったり売ったりできるということです。この決められた証拠金をSPAN証拠金と言います。SPAN証拠金の算出方法はここでは書きませんので興味のある人はお調べください。

このSPAN証拠金を証券会社の口座に入金すれば非常にレバレッジの効いた投資をすることができるのです。通常の株式投資と比べて20倍〜30倍も効率の良い投資ができるのです。

どうですか、魅惑の日経225先物でしょう。

そしてさらに日経225先物には魅力があるのです。その魅力とは流動性です。日経225先物は細かい呼び値（変動幅）だから安心して注文ができます。たとえば100万円の値が付いている銘柄の呼び値の単位は1万円です。今、その銘柄の気配が「100万円カイ、101万円ウリ」の場合、どうしても買いたいのであれば1万円上の101万円で買うしかないのですね。これは現値の100万円に対して1%に相当しますよね。

でも日経225先物の呼び値の単位は10円なのです。日経225先物miniなら5円です。たとえば現値が10000円、気配が「10000円カイ、10010円ウリ」の場合、どうしても買いたい場合は10010円で買うしかない。でも10円という金額は10000円から見ればわずか0.1%に過ぎないのです。

日経225先物の場合、このわずか10円の呼び値の中に多数の投資家の売買注文が入っています。だから個別銘柄と違って、相対的に売りたい価格と買いたい価格で売買することが可能なのです。

新興市場の板を見ていると、いきなり買い板がなくなってとんでもない下値で売らなければならないことが結構あります。110万円で売りたいのに、買い板が103万にしかないとか。日経225先物の場合はまずそんなことはありません。

流動性が高いから小刻みに売買すれば、小さな利益を積み重ねることができるし、思惑がはずれて損切りする際にも、意外な安値で約定することはまずありません。だから個別銘柄を売買するよりも、収益ロスや損失拡大が防ぎやすいんですね。これってすごいメリットじゃありませんか。

日経225先物は少ない資金で投資でき、レバレッジがむちゃくちゃ効くし、流動性が高い。こんな魅力的な取引はありません。やっぱり魅惑の日経225先物ですよね。こんなにも魅力的な商品を放っておく手はありません。そこで次項からはこの日経225先物の魅力的な取引方法を見ていくこととしましょう。

2 日経225先物、勝利の方程式～ 3つの波動

日経225先物における勝利の方程式は3つの波動です。この世の中のものすべては波動によって作られているという話をしました。もちろん株のチャートも波動によって作られています。この項ではその波動について話をしていきましょう。

☆株価のチャートは、短期波動で形成される

株価を形成する波動には、3つの波動があります。その3つの波動をそれぞれ短期波動、中期波動、長期波動と名づけることにしましょう。

短期波動は一番小さい波動、中期波動は中くらいの波動、長期波動は大きい波動ということです。

では、短期波動とはどのくらいの大きさの波動なのでしょうか。そして中期波動、長期波動はそれぞれどのくらいの大きさなのでしょうか。今からそれぞれの波動の説明をしていくことにしましょう。

ここで説明に使うチャートは日足のチャートです。3つの波動はすべて日足ベースでの波動になります。

まずは短期波動からです。

図24をご覧ください。

図24

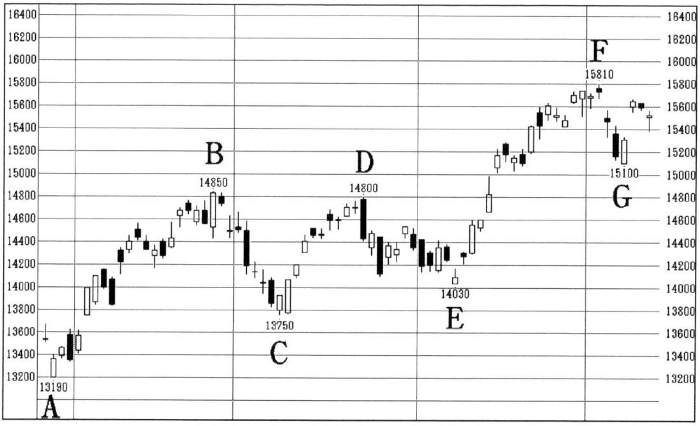

このチャートは、ある時期の日経225先物の日足のチャートです。このチャートの中には複数の短期波動が含まれています。別の言い方をするとこのチャートは複数の短期波動によって成り立っています。

高値と安値には株価を記入してあります。そして株価の高値と安値にA～Gの記号を振っています。短期波動とは、A－BやB－Cなどのひとつの高値から次の安値、またはひとつの安値から次の高値までの波動のことを言います。短期波動には上昇波動と下落波動が存在します。たとえばAの13190円からBの14850円までは上昇波動です。この上昇波動を短期上昇波動と呼びます。

Bの14850円からCの13750円までは下落波動です。この下落波動を短期下落波動と呼びます。

そうするとこのチャートはA－B、C－D、E－Fの3つの短期上昇波動とB－C、D－E、F－Gの3つの短期下落波動からできているということになります。

株価のチャートは短期上昇波動と短期下落波動が繰り返し描かれるということです。短期波動で売買する場合には短期波動の始まりで仕掛けて短期波動の終わりで利食いすればいいのですね。A－Bであればその差額の1660円が利益になります。日経225先物ラージ1枚で売買した場合には166万円の利益になります。

B－Cであればその差額の1100円が利益になります。日経225先物ラージ1枚で売買した場合には110万円の利益になるのですね。詳しい売買方法については後ほど書きますので楽しみにしていてくださいね。

☆中期波動は短期波動の上昇下降によってできる

それでは次に中期波動について説明しましょう。

図25をご覧ください。

短期波動は高値と安値でできている波動でした。中期波動とはこの短期波動の上昇下降によってできる波動です。一番左の記号Aから右の記号Aまでがひとつの中期波動です。簡単に言うと株価が底を打った時点で中期波動が始まり天井をつけて下落し再び底になるとひとつの中期波動が終了します。

この中期波動の中でも記号AからHまでの期間を中期上昇波動と言います。そしてHから右のAまでの期間を中期下落波動と言います。お気づきの方もいらっしゃると思いますがこのチャートに振られた記号に見覚えはないでしょうか。第1章の「株価にとって移動平均線は恋人のようなもの」に出てきた図を覚えていますか。そうなんです。あの図は中期波動の姿を表したものなのです。

図25

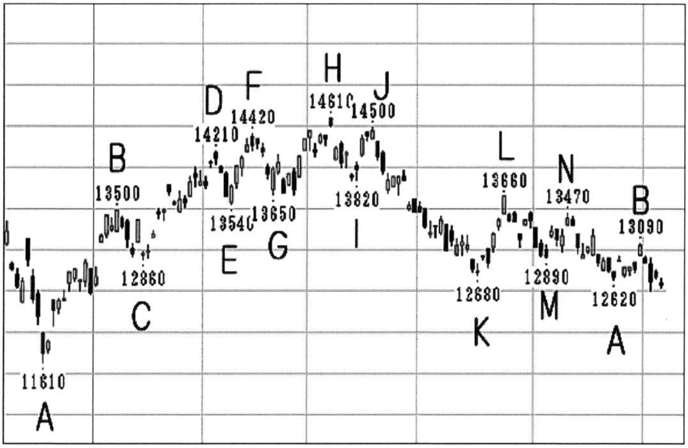

もう一度あの図14をご覧ください。

図14

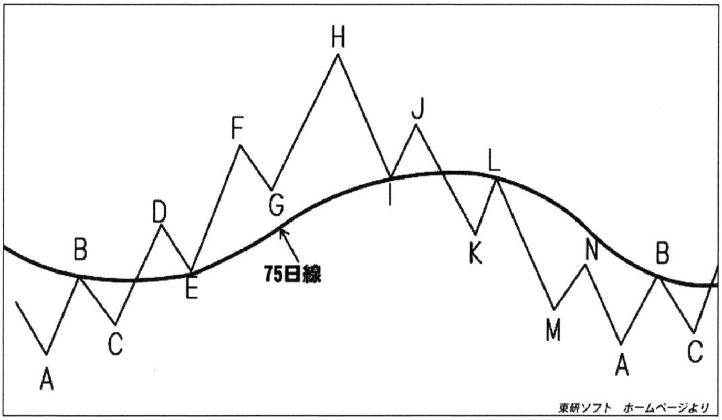

東研ソフト　ホームページより

2つの図を見比べるとほぼ同じですね。株価は75日移動平均線を上下しながら中期波動を作っていくのです。

それでは最後に長期波動の説明をしましょう。

☆中期波動が組み合わさって作られる長期波動

中期波動は短期上昇波動と短期下落波動が組み合わされて中期上昇波動や中期下落波動になり、この中期上昇波動と中期下落波動がセットになってひとつの中期波動になっていました。同じように長期波動は、中期波動がいくつか組み合わされて作られています。

図26をご覧ください。

図26

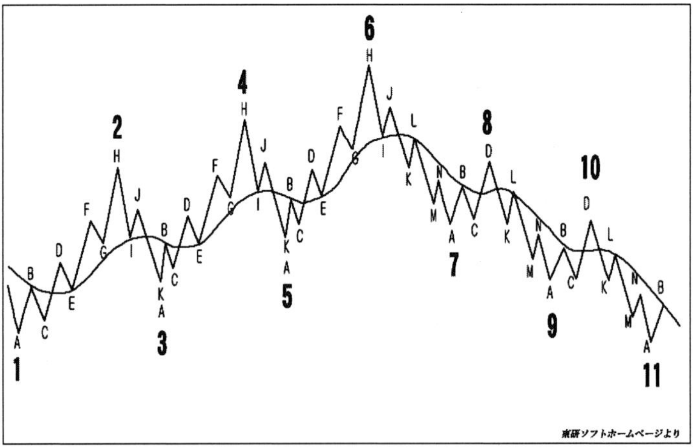

1から3まででひとつの中期波動になっています。そして3から5でひとつの中期波動です。

同じように5から7、7から9、9から11がそれぞれひとつの中期波動になっています。3番目の中期波動である5から7の中期波動が先ほどの中期波動のモデル図になります。

1から6までは大きな上昇トレンドになっています。この部分を長期上昇波動と言います。そして6から11までは大きな下降トレンドです。この部分を長期下落波動と言います。

この図を見てわかるように長期上昇波動の期間における中期波動の姿を見ると中期上昇波動はモデル図どおりA～Hまで上昇しますが、中期下落波動はH～Kで終了します。ただし、必ずKで終了するということではありません。H～Kの下落で終了する場合が多いということですのでご注意ください。

長期下落波動の期間における中期波動の姿を見ると、中期下落波動はH～Mまで下落しますが中期上昇波動はA～Dで終了します。必ずA～Dで終了するということではありません。A～Dの上昇で終了する場合が多いということですのでご注意ください。

このように株価の動きは3つの波動に分類することができるのです。そして、この3つの波動によって日経225先物の必勝売買手法が導かれるのです。

☆ドリームトレンドを見つけよう！

次は日経225先物における最高のトレンドであるドリームトレンドを見つけることにしましょう。このドリームトレンドがわかれば非常に多くの利益を得る可能性が高くなります。

相場格言に次のようなものがあります。

「大相場は悲観の中で生まれ、懐疑と共に育ち、楽観の中で天井を打ち、幸福感と共に消える」

長期波動の一番左のAの時点が相場に参加している大多数の人が悲観的になっているところです。そしてひとつめの中期波動が終了するところや2つめの中期波動が終了するところは相場参加者が懐疑的になっていますが、株価の押し目になって上昇します。そして最後に6の手前のG-Hの上昇期間中に多くの相場参加者が楽観的になるのです。そして大相場は終了し、長期下落波動へと移っていくのです。

トレンドのビッグウェーブの乗りこなし方の項でお話ししましたが、買いでエントリーする場合には上昇トレンドで買えばよかったのですね。

長期波動で見ると上昇トレンドになるのはモデル図の3から4にかけての上昇途中で2の高値を上抜いた時点になります。

中期波動で見ると上昇トレンドになるのはモデル図のCからDにかけての上昇途中でBの高値を上抜いた時点になります。

短期波動は上昇か下降しかありませんので、ここではトレンドはないということにしておきます。短期波動の中には分足での上昇トレンドや下降トレンドが存在しますが、ここでは日足をベースにしていますのでトレンドはなしということにします。

もう一度思い出してください。買いでエントリーする場合には、上昇トレンド時にだけ買う。

つまり日経225先物におけるドリームトレンドとはすべての波動が一定方向に向いているときなのです。買いでエントリーする場合にはすべての波動が上昇トレンドになっているときであるということです。長期波動が長期上昇波動になっていて、かつ、その中の中期波動が中期上昇波動になっていて、かつ、その中の短期波動が上昇中であるときです。

売りでエントリーする場合にはすべての波動が下降トレンドになっているときであるということです。長期波動が長期下落波動になっていて、かつ、その中の中期波動が中期下落波動になっていて、かつ、その中の短期波動が下落中であるときです。

買いにしても売りにしても3つの波動において3つの条件がすべて揃っているときが一番利益を出しやすいドリームトレンドの期間なのです。

図26でこの条件に当てはまる時期を見てみると次のようになります。

買いでエントリーする場合にはすべての波動が上昇トレンドになっているときです。まず長期波動が長期上昇波動になっているのは3から4にかけての上昇中に2の高値を上抜いた時点から6にかけての期間です。

そしてその期間中に中期波動が上昇トレンドになっているのは3から4にかけての中期上昇波動のG－Hと、5から6にかけての中期上昇波動のBの高値を抜いた時点からHまでです。

そしてその中で短期波動が短期上昇波動になっているのは3から4にかけての中期上昇波動のG－Hの短期上昇波動、5から6にかけての中期上昇波動のBの高値を上抜いた時点からD、E－Fの短期上昇波動、G－Hの短期上昇波動となります。

売りの場合は逆になりますので各自で確認してください。最初は慣れるまでにかなり時間がかかると思います。しかし、慣れてくるとチャートを見ただけで今の株価がモデル図のどの時点に当たるのかがわかるようになってきますのでモデル図をよく見ながら何回も繰り返し読んでくださいね。

最低でも7回は繰り返して読んでくださいね。7回ですよ、7回。なぜ7回かというと人間の脳は、1回見ただけではすぐに忘れてしまうようにできているからです。3回見てようやく少しだけ記憶に残るようになり5回見て少しは理解できるようになり、7回見て50%理解できるようになるようです。

半分の理解もできていないものを自分の大切なお金を使って実行するなんてギャンブルと一緒です。ですから最低でも7回は読まないとこの本に書かれていることを実行して利益を出すことはできないのですね。

3 日経225先物の天井と底には相場の神様がいる

前の項では波動には短期波動、中期波動、長期波動という3つの波動があると言いました。

個別銘柄の売買と日経225先物の売買手法は異なります。この項では、ドリームトレンド以外での日経225先物の売買ではどこで買ってどこで売れば多くの利益が得られるのかについて述べていきたいと思います。

☆信用取引の本当の利点

個別銘柄の売買の方法を思い出してください。75日移動平均線を基本として上昇トレンドに転換した最初の押し目が75日移動平均線まで下落したときに買うのでしたね。

ここでもう一度74ページの図14をご覧ください。魔法の移動平均線の中期波動モデル図では買うべきところは株価が図のEの位置まで押したときでしたね。売るときというのは株価が図のLの位置まで戻したときでした。

では、日経225先物を売買する場合には個別銘柄と同じ売買方法でよいのでしょうか？

基本的な株価の動きは、個別銘柄も日経225先物も同じです。モデル図に記載された動きをします。個別銘柄と日経225先物の株価の動きが同じだとすると売買方法も同じでよいと思えそうですね。しかし、日経225先物を売買する場合にはこの75日移動平均線のモデル図だけで売買することはありません。それはなぜかというと魅惑の日経225先物の項で書きましたが、日経225先物は非常に高いレバレッジを利用して取引を行うことができるのですね。

ここで、個別銘柄の取引と日経225先物の取引を比べてみましょう。

仮に投資資金が100万円あったとしましょう。この100万円を日経225先物と個別銘柄で運用をします。

個別銘柄の場合、10%の利益を上げたとしたら10万円の利益になります。20%の利益を上げたとしたら20万円の利益になります。

個別銘柄の値動きを見ていただくとわかりますが、1日や2日で急激に10%も20%も株価が上がるということはよほどの材料株でなければまずあり得ません。我々がそんな材料を知ることは不可能なのです。知っているのはインサイダーをしている人たちだけですね。

個別銘柄で1日や2日で10%、20%の利益を得ることは困難です。通常は少なくても2週間から1カ月はかかるでしょう。そしてエントリーのチャンスは毎月あるとは限りません。多くても年間で5回程度ではないでしょうか。

5回の売買で10%ずつの利益を出したとすると利益は50万円で利益率は50%となります。それでも100万円が150万円になるのですからすごいことですよね。

また個別銘柄では現物取引の他に信用取引もできます。信用取引についての詳しい説明は避けますが、信用取引の場合、手持ちの資金の3.3倍の運用をすることができます。100万円の資金があれば、330万円の取引ができるということです。現物取引なら100万円しか売買できない株を330万まで売買することができるのです。

同じ10%の利益を上げたとしたら33万円の利益を上げられることになります。売買できる回数は同じですから年間5回の売買をした場合165万円の利益となります。

巷に出回っている株式投資の情報では信用取引の利点はこのレバレッジの高さであると書いてあります。同じ資金で3.3倍の取引ができるのが最大の利点であり、これを複利で運用するととんでもない巨額の利益になると書いてあります。このような夢のような話を信じてそのとおりに売買を行うので個人投資家は儲けることができないのです。

我々個人投資家が儲けるためには違う着眼点で見ていかなければならないのです。信用取引の本当の利点は同じ利益率で多くの利益が得られるということではありません。

同じ資金で3.3倍の利益が出るということは違う考え方をすれば、同じ資金を使って信用取引で3%の利益を上げることができれば現物取引で9.9%の利益を上げたのと同じことになるということです。

現物取引の場合100万円の資金で100万円の株を買って9.9%の利益で99000円です。信用取引の場合には100万円の資金で330万円分の株式を買えますので3%の利益が出たら99000円の利益となります。同じ銘柄を売買した場合、3%の利益を出すのと9.9%の利益を出すのとではどちらが簡単でしょうか。

もちろん3%の利益を出すほうが簡単ですよね。株価は上下動を繰り返しながらチャートを描いていきます。底の価格で買えたときに9.9%の利益が出せるとしたら底から5%以上上がったところで買っても3.3%の利益を出すことができます。

9.9%の利益が出せる場面は1年で5回しかないかもしれませんが3%の利益でよければ1年で20回30回とあるのではないでしょうか。さらに信用取引の場合には買いだけではなく売りでのエントリーもできますのでチャンスはさらに多くなります。

☆日経225先物なら、毎日がチャンス！

では、日経225先物の場合はどうなるでしょう。日経225先物は証拠金取引で行いますのでそのときの証拠金により仕掛けられる金額は変わってきますが、ラージ1枚の証拠金は2014年においては50万円から70万円程度になっています。日経225先物miniで、あればその1/10の金額になります。

ここでは仮に証拠金が50万円だとしましょう。そして日経平均の価格が15000円だとします。資金が100万円で日経225先物ラージを2枚買うことができます。15000円の株価で2枚買うと15000円×1000倍×2枚なので3000万円分の売買ができるのです。個別銘柄の現物取引と比較するとレバレッジは30倍ですね。

これを先ほどの条件に当てはめてみると100万円の資金で売買をした場合、現物取引で10万円の利益を上げるためには10%の利益が必要ですが、日経225先物の場合は1/30である0.33%の利益でよいことになります。

10%の利益を上げられるチャンスは年間5回程度ですが、0.33%

の利益を上げられるチャンスは山ほどあるのではないでしょうか。日経平均が15000円だとしたら0.33%は約50円です。50円の利益が得られれば現物株で10%の利益を得るのと同じ利益が得られることになります。

日経平均の値動きを見ていただくとわかりますが、1日に100円～200円程度の動きがあるのが普通です。これだけの値幅があれば50円の利益を得るチャンスは毎日でもあることになります。

現物株の取引では年間5回程度のチャンスしかないのに日経225先物では毎日チャンスがあるのです。これが日経225先物の最大の利点なのです。

日経225先物では仕掛けるチャンスが非常に多くなるということがおわかりいただけたと思います。つまり個別銘柄のエントリーとは違う場所でのエントリーが可能になるのです。

だからと言って日経225先物で本当に毎日50円の利益を得られるようになるためには相当の勉強と研究が必要になります。勉強もしないで日経225先物取引を始めたら100万円の資金なんてあっという間になくなるのが普通です。そうならないために本書を含めて多くの本を読み、多くのサイトを見て勉強していただきたいのです。

個別銘柄では中期波動のモデル図を利用して売買しますが日経225先物では中期波動よりもさらに短い短期波動を利用して売買を行います。

次ページの図24をもう一度ご覧ください。

図24

短期波動というのは日足のチャートで見ると高値と安値を結んだものでした。

短期波動を利用して儲けるためには短期波動の一番下で買って一番上で売ればよいのですね。または一番上で売って、一番下で買い戻せばいいのですね。Aで買ってBで売る。Bで売ってCで買い戻す。Cで買ってDで売るということです。

A－Bの買いの場合13190円で買って14850円で利食いですから1660円の利益です。日経225先物ラージ1枚で売買した場合には166万円の利益です。同じようにB－Cでは110万円の利益、C－Dでは105万円の利益になります。

しかし、我々にはこの利益を得る売買はできません。我々は事前に天井と底がいつになるのかを知ることができないのです。いつ天井になるのかいつ底になるのかを知っているのは神様だけなのですね。神様の存在を信じない人は信じなくていいですよ。私は信じているというだけですから（笑）。

神様と話しができる人だけが天井で売ることができ、底で買うことができるのです。

日経225先物のチャートの天井と底に神様がいるということはおわかりですね。

では、我々はどのような売買をすればよいのでしょうか。神様と話しができる方法を見つけることが最良の方法なのでしょうか。今の段階ではそれは無理ですね。次の項ではどうすれば神様の売買にいかに近づくことができるのかについて述べていきますね。

4 日経225先物の聖杯は逆張りだった

エントリーの方法には順張りと逆張りがあります。これはみなさんご存じですね。

では順張りと逆張りではどちらのほうが儲かるのでしょうか。

☆順張りと逆張り

売買の方法を大きく分けると、順張りと逆張りの2つがありますね。

順張りというのは、トレンド方向にエントリーする売買のことです。

逆張りというのは、トレンドと反対方向にエントリーする売買のことです。

図27をご覧ください。

ひと目見て上昇トレンドとわかるチャートですね。

上昇トレンドですから順張りの売買であれば、買いのみを考えることになります。逆張りの売買であれば、売りのみを考えるということになりますね。

では、利益を上げるための売買というのは順張りと逆張りどちらのほうが良い売買なのでしょうか。

順張りの場合は、トレンドが継続するところで利益につながり、逆張りの場合は、トレンドが転換するところで利益につながります。逆張りで利益になるのは、トレンドの転換のところですので

図27

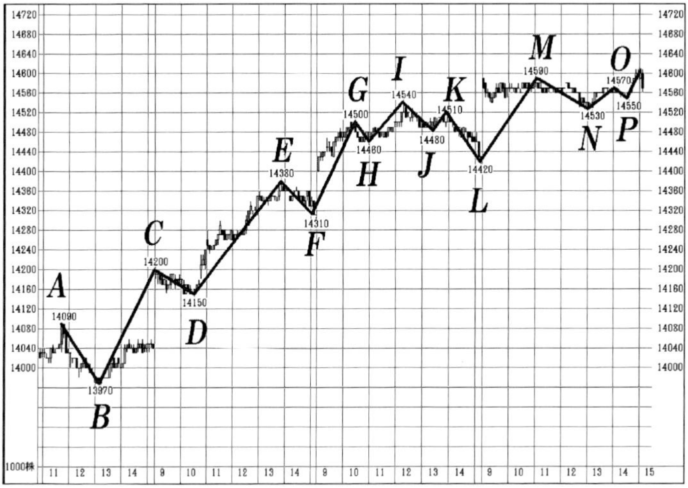

このチャートではIからの下落転換とLからの上昇転換のところになります。

上昇から反落している場面は、A, C, E, G, I, K, M, Oと8箇所ありますが下降トレンドに転換したのはIからの下落だけです。その後はLから上昇転換し上昇トレンドに戻っています。

8箇所の反落のうち利益になっているのはIからの下落転換の1箇所だけとなります。

順張りの場合ですとI－Jの間で買わない限りはすべて利益になっています。

このことから逆張りというのは利益になる場面というのが限られるということがわかります。

逆張りというのは、有効な場面の回数が絞られるだけではなく、他にも非常に大きなデメリットがあるのです。

それは「損切りがとても難しい」ということです。初心者の方は損切りが苦手です。

苦手な損切りがさらに難しくなったらどうでしょう。まず損切りできないのではないでしょうか。

どのように損切りが難しいのか考えてみましょう。

逆張りをする場面を思い描いてみてください。

BからCでギャップアップでの大きな上昇になり、すぐに下落開始となりました。

これは寄り天になり下落するだろうということで売りを入れます。

Cで止まったときは上げすぎだろうと思っているのですね。

Cで売った後にそのまま下落すれば天井で売ったことになり大きな利益を得ることができます。

しかし、株価はDで止まり急反発の動きになり、Cを一気に上抜いてEまで上昇しました。

Cを上抜いた時点で損切りすればいいのですが、Cでは高いと考えて売ったのですから、さらに高い価格になると売る理由はあっても損切りする理由が見つかりません。

14200円が高すぎると思って売っているのですから14380円はさらに高すぎます。

この状態で損切りすることができるでしょうか。

損切りをするどころか追加で売ることを考えてしまうかもしれ

ません。

逆張りで売る理由は、買われすぎ、割高という理由だけですから、さらに買われすぎ、割高になれば売り増しする理由はあっても損切りをする理由はなくなり、損切りすることができなくなるのです。

EからFにかけて下落し、ようやく反落かと考えそのままオーバーナイトします。

しかし翌日はさらにギャップアップとなりEを上抜きます。

ここでもこれまでと同じ理由で損切りすることはできません。Iからの下落でようやくトレンドが下降トレンドに転換し大きな利益を得られると思いきや翌日はさらにギャップアップとなり売り増しした建玉まで含み損になります。

こうして、最終的に耐えられなくなったり、追証にかかったりして大きな損失を確定することになります。

個別銘柄を買うという取引の場合は損切りせずに塩漬けにして、もう何もしないということにもなるでしょう。

一般投資家の多くは割安という言葉にとても弱いのです。また、割高という言葉にもとても弱いのです。

10000円だった株価が8000円になったら安値で買えると思ってしまい、多くの人が「買ったら得なんじゃないか」と思い、買いという行動に出ることになります。

逆に10000円だった株価が12000円になったら高値で売れると思ってしまい、多くの人が「売ったら得なんじゃないか」と考え売るという行動に出ます。

このように、逆張りは、損切りがとても難しくなるのです。

損切りが難しいと同時に利食いのほうも難しくなります。

運良く天井で売れたとしてもいつ上昇トレンドに戻るのではないかとハラハラして怖くなり、小さな利益でもすぐに確定してしまうことになります。

利食いは小さく、損失は無限大、しかもチャンスの回数は少ない。これでは、利益を積み重ねていくことなんてできませんね。

次の図28をご覧ください。

図28

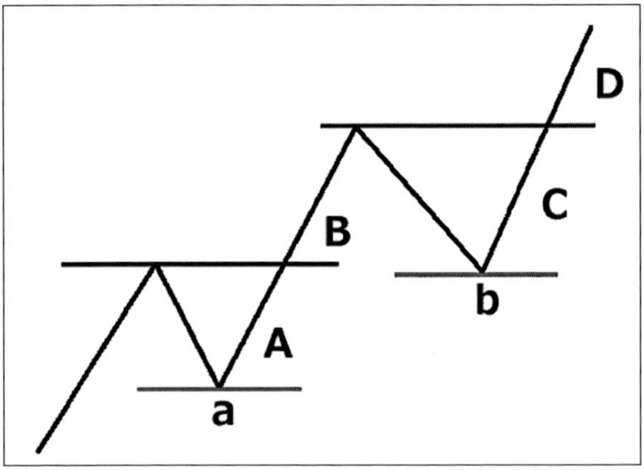

この図は上昇トレンドになっています。

順張りのエントリーポイントは、A～Dの4カ所になります。

A, Cは、直近高値のブレイク前、B, Dはブレイクのときにエントリーとなっています。

順張りの場合の損切りは、はっきりとした理由ですることができます。

順張りの前提は、トレンドが継続していることですのでトレンドが転換すれば、エントリーの理由がなくなりますので、損切りすることになります。

したがって、a地点、b地点を下回ると損切りすることになります。

上昇トレンドから下降トレンドへ転換するときは、必ずその直近安値を割り込みます。

安値を割り込んだ後、下落転換とならなくても、相場の変調を感じることができますので、一旦ポジションを閉じる場面だとすぐにわかります。

利食いのほうは、トレンドが継続している限り建玉を返済する必要がないので持続可能ですから利益を引っ張ることができます。

トレイリングストップや、玉操作をして利益を伸ばすこともできます（トレイリングストップや玉操作については本書での説明は省きます）。

順張りは損失を限定することができますので利食いは大きく、損失は限定、しかもエントリーチャンスの回数は多いということになります。

以上のことから勝ち組になるためには、逆張りをやめ、順張りでトレードを行うことが第一ということがおわかりになると思います。

もちろん、逆張りを完全に否定するわけではありません。逆張りで継続的に利益を得ている方もいるでしょう。逆張りを自分の手法として確立していて、それで利益を上げ続けることができる人はそれを続ければいいのです。

やり方は、個人個人違って当然なのですが、逆張りで成功している投資家は、損切りや精神的に鍛錬された人でごく一部の方だと思います。

私は、基本に忠実な確率の高い順張りの売買を身につけることが利益を上げる最短の方法だと思います。

☆順張りであって、逆張りである手法?

一般的にいわれている順張りと逆張りのメリットデメリットは以下のとおりです。

順張りのメリットは、

- トレンドが継続する相場では大きな利益を上げることができる。
- 横ばいのトレンドをブレイクした相場で威力を発揮する。

デメリットは、

- 横ばいのトレンド内ではドテンを繰り返し損失が大きくなる。
- 底から上がったところでしか買えないので利益が少なくなる。

などがあります。

逆張りの場合のメリットは、

- 支持線・抵抗線が機能している相場では大きな利益を上げることができる。
- 横ばいのトレンドにおいて威力を発揮する。

デメリットは、

- ロスカットを設定するのが難しい。

などがあります。

順張りが良いのか、逆張りが良いのかについては多くの意見がありどちらが良いのかははっきりとは言えないでしょう。その人のスタンスにあった手法で売買をするのが一番良いと思います。ここでは、私が日経225先物取引で利用している手法をお伝えします。

その手法は順張りであって逆張りであるという手法です。いったいなんのこっちゃ？　そんな手法があるんかいな？　と思われるかもしれませんが、その手法は存在するんや！（関西弁ってなんかいいですよね。私好きなんです。ちなみに私は東京生まれの東京育ちです。今は長野に住んでいますが）。

さっき、「私は、基本に忠実な確率の高い順張りの売買を身につけることが利益を上げる最短の方法だと思います」と書きました。

しかし、この項の目次は「日経225先物の聖杯は逆張りだった」となっています。私の手法は順張りが基本ですが、ここでは順張りであり逆張りである手法を紹介します。そして、順張りであり逆張りである手法なのに目次は逆張りになっている理由も明らかにしていきますね。

☆高値ブレイクはうまみが少ない?

個別銘柄の売買手法は75日移動平均線のモデル図を使うというものでした。個別銘柄の日足の動きと日経225先物の動きは75日移動平均線のモデル図と同じように動くのでしたね。そして日経225先物取引はレバレッジが非常に高いので個別銘柄で10%の利益を上げるのに対し0.33%の利益を上げれば同じ額の利益が得られるということでしたね。

一番リスクが低く確実に利益を上げるためには75日移動平均線のモデル図を使った売買をすればよいのです。しかし、それでは年間で仕掛けられるチャンスが非常に少なくなります。個別銘柄でしたら数千という銘柄がありますが日経225先物は1銘柄だけです。これでは年間利益は大きな額にはなりません。

そこでエントリーチャンスを増やすために中期波動ではなく短期波動を使って売買をすることになります。

中期波動ではひとつの波動で買い1回売り1回のチャンスしかありませんでした。しかし短期波動を使えばもっと多くのエントリーチャンスが生まれます。

ここで中期波動に含まれる短期波動の姿を見てみましょう。中期波動は通常8個から12個の短期波動で構成されています。

図29をご覧ください。

複数の中期波動が上昇トレンドにある場合には中期上昇波動時の短期波動の数は中期下落波動時の短期波動の数より多くなります。1から2への上昇波動時における短期波動の数はA－B、B－Cと数えていくとG－Hまでの7個です。2から3への下落波動時の短期波動の数はH－I、I－J、J－Kの3個で合計10個の短期波動で構成されています。

1から3までの中期波動ではBで売りEで買い、Iで買いと3回の売買チャンスがあります。しかしこれでもチャンスが少なすぎますね。もっと多くの売買チャンスがほしいところです。その前に下降トレンド時の中期波動も見てみましょう。

図30をご覧ください。

図29

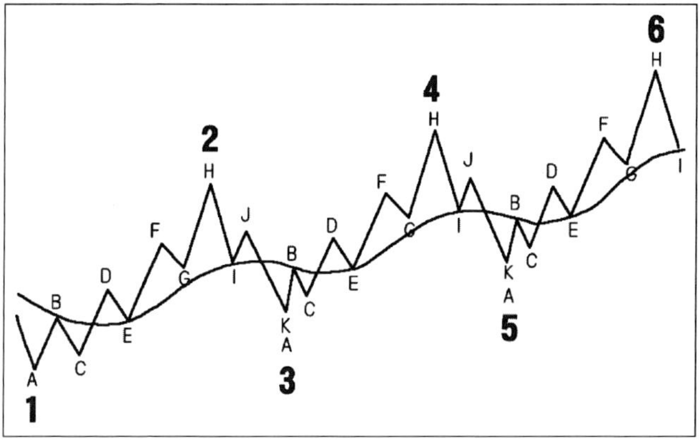

図30

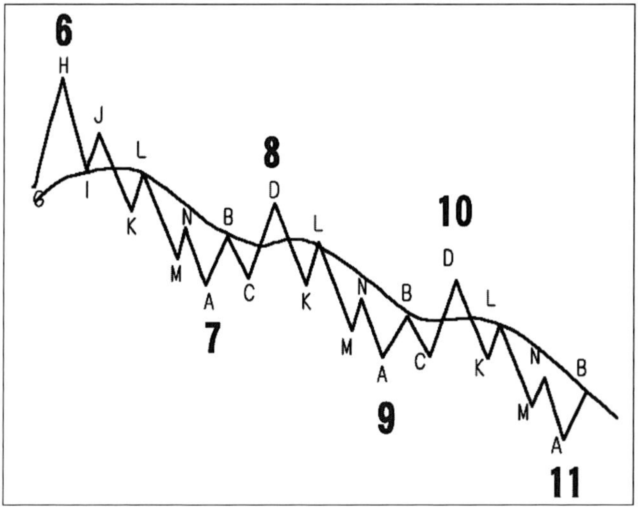

複数の中期波動が下降トレンドになる場合には中期上昇波動時の短期波動の数は中期下落波動時の短期波動の数より少なくなります。

7から8への中期上昇波動時における短期波動の数はA－B、B－C、C－Dの3個です。8から9への中期下落波動時の短期波動の数はD－K、K－Lと数えていくとN－Aまでの5個で合計8個の短期波動で構成されています。7から9までの中期波動ではB、Lで売り、買いのチャンスは1回もありません。

ここで個別銘柄の売買の原則を思い出してください。チャートが上昇トレンドにあるときには買いしかしない、チャートが下降トレンドにあるときには売りしかしない、というものでした。つまり中期波動が上昇トレンドの状態にあるときには買いだけを考えればいいのです。

図29の1から2までの中期波動は、上昇トレンドになっています。この期間について順張りと逆張りでエントリーを考えてみましょう。

順張りで有名なエントリー方法は高値ブレイクです。高値ブレイクとは直近の高値を超えたところで買う手法です。B、D、Fの高値を超えたところでエントリーすることになります。

逆張りの場合はBからCへの押し目をC近辺で買います。C近辺という意味は、Cが底であるとわかるのはCからある程度上昇してからになるからです。株価がCの位置にいるときにはCが底であるとは神様にしかわかりません。同様にE、G近辺も買いのチャンスとなります。

ブレイクの場合は直近の高値を超えたときに買えばいいので誰

にでもエントリーの時期がわかります。しかし逆張りの場合には底であるとわかるのは底からある程度上がってからになるので底で買うことはまずできません。買ってからさらに株価が下がることは当然のようにあるのです。買ってから直近安値を割り込んで上昇トレンドが下降トレンドに転換することも十分にあり得るのです。

ここまでを見ると順張りの高値ブレイクはとても優れた手法に思えます。しかし、この手法では多くの利益を手にする可能性は低いのです。それはなぜかというと高値ブレイクで売買をしていくと勝率が非常に低くなるのです。

高値ブレイクのシステムを検証してみると多くのシステムの勝率は30%前後と非常に低くなります。今まで株式投資でシステムトレードをしたことのある人ならわかると思いますが、勝率30%のシステムを使い続けるというのは非常に強い精神力を持っていないとできないのです。

私は今までに勝率30%のシステムを使い続けている人を数人しか知りません。最終章でも書きますが勝率30%のシステムの場合、連敗する確率は非常に高いものになるのです。

10連敗する可能性があるシステムをあなたは使い続けることができるでしょうか。ほとんどの人はシステムが3連敗～5連敗すればそのシステムを使うことをやめてしまうでしょう。それほどまでに連敗というのは精神的に耐え難いものなのです。

また高値ブレイクの手法の場合は、大きなトレンドに乗れば非常に大きな利益を上げることができますが、小さなトレンドの場合にはほとんど利益を上げることができません。

図のBをブレイクしたのを確認してから買った場合、最大の利益を得られるのはDの位置です。CからDまでの上昇の半分程度しか利益を得ることができないのです。CからBの上昇分は黙って見ているだけになります。

同じようにDのブレイクで買った場合はEからFの上昇の半分より少し多い利益を得ることになり、EからDまでの上昇分を取ることはできません。

G－HでFのブレイクで買った場合はG－Hの短期波動が大きいので大きな利益を取ることができます。しかし大きな波動というのは早々あるわけではないのです。たまにある大きな短期波動というのは2000円や3000円の波動になる場合もあります。そのような大きな波動になった場合にはブレイクでも十分な利益を得ることができるでしょう。しかし2000円3000円の利食いを待てるだけの精神力を持っているのでしょうか。

仮に15000円で日経225先物を買った場合、17000円や18000円まで利食いをしないでいられる自信を持っているトレーダーがどれだけいるでしょう。ほとんどのトレーダーは1000円も株価が上がれば利食いをすることでしょう。

☆短期波動の底は60～70%わかる

では、次に逆張りの場合を考えてみましょう。

図29をもう一度ご覧ください。

逆張りの場合は前述したとおりBからの押し目であるC近辺、そしてEおよびG近辺がエントリーポイントとなります。しかし底で買うことはできないのですね。

図29

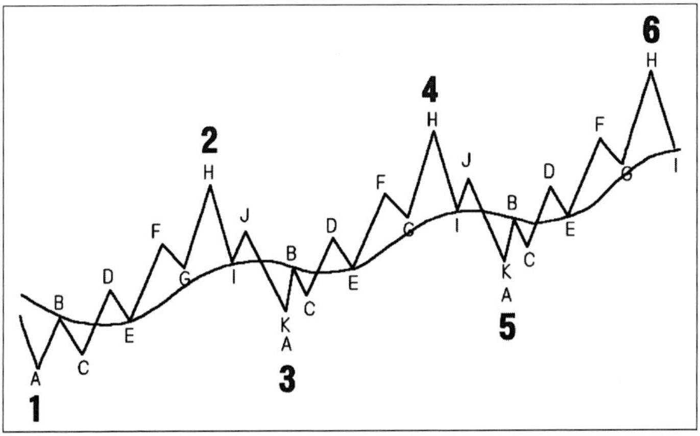

そうなると買い方としてはCやE、Gになる手前で買うということになります。まだ底が決まっていない時点で買うことになります。

その場合、買ってからさほど下げずに上昇してDやF、Hになってくれれば非常に大きな利益を得ることができます。買った時点が偶然底になれば最大の利益を得られます。しかし、買った時点から大きく下げた場合には含み損が大きくなり精神的苦痛が非常に大きくなります。

さらにへっぽこ投資家の章でも書いたようにナンピンをしたくなったり損切りができないという事態にもなりかねません。底がわからない逆張りは最悪の事態を招くことになるのですね。

そう考えると逆張りより順張りのほうが優れた投資法だと思われます。

しかし短期波動の底がどこになるのかわかっていたらどうでしょう。どの時点が底になるのかわかっていれば100人中100人が順張りのブレイクで買うよりも逆張りで買うほうを選ぶでしょう。

実は短期波動の底で買うのは神様にしかできないのですが、底らしい場面で買うことは我々にもできるのです。底らしい場面で買えば買ってからさほど下げることなく上昇し大きな利食いをすることができます。底らしい場面で買ってもそれが見当違いでさらに下げるということももちろんあります。しかし、100%の底はわからなくても60%～70%底らしいとわかれば、見当違いも少なくなるのではないでしょうか

間違った場合にはロスカットすればいいだけですしね。

短期波動の底らしい場面で小さなリスクで買う。これこそが日経225先物の聖杯なのです。私たちは、子どもの頃から親や周りの大人たちに物事はしっかりと確認して安全を確かめて行うのよ。みんなと同じようにするのよ、と教えられて育てられました。一見当然で利己的な考えに思えます。

しかし、相場に関しては、現在の状況を徹底的に調べ安全だと確認した後でエントリーしたのでは、株価が大きく動いた後であり高値づかみになったり押し目を待っていてもそこまで株価が落ちてくることが少なくエントリーできなくなったりします。

30%～40%のリスクは積極的に取らなければ大きな利益は得られないのです。

☆短期波動の底らしさを決める条件

次ページの一覧は短期波動の底らしさを決める条件です。

1. ストキャスティクスの%Kが30以下になる
2. ストキャスティクスの%Dが30以下になる
3. 株価がボリンジャーバンドの -1σ 以下になる
4. 株価がボリンジャーバンドの -2σ 以下になる
5. 現在の短期波動での新安値になる
6. 新安値の陽線になる
7. 新安値で下ひげの長い足が出現する
8. 新安値の次の足で大陽線になる
9. 新安値の次に足で上に窓空けする
10. 新安値の後2本連続で陽線になる

全部で10の条件がありひとつ該当すると確率が10%増えます。

5つ該当すると底らしい確率は50%になります。8つ該当すると底らしい確率は80%になります。

※注ストキャスティクスの設定は%Kが13、%Dが5を使用しています。

※新安値とは当日の安値が短期下落波動において一番安い状態を言います。

次ページの図31をご覧ください。

ローソク足の上の数字はピークになった足が1で、5がピークを含めて5本目の足、以下10本目14本目という意味です。

1のピークから14のボトムになるまでの過程を見てみましょう。

図31

2本目で安値切り下げになり新安値になりました。%Kは29で30より下になっています。この時点では2つの条件が合いましたので底である可能性は20%です。

3本目はさらに安値を切り下げ新安値、%K30以下、ボリンジャーバンド−1σ以下の3つが該当したので底である可能性は30%に上がりました。

4本目も3本目と同じ3項目が該当しています。

5本目は新安値、%K30以下、ボリンジャーバンド−1σ以下、新安値の陽線の4項目が該当したので40%です。

6本目は新安値の陽線がなくなりましたが、%D30以下が加わり、新安値、%K30以下、%D30以下、ボリンジャーバンド−1σ以下の4項目が該当しています。

7本目も6本目と同じ4項目です。

8本目になって新安値の陽線とボリンジャーバンド−2σ以下の

2項目が追加され6項目が該当したので底である可能性は60%となりました。

しかし9本目で新安値の陽線が除外され50%、10本目も同じ50%となります。

11本目は陽線ですが、新安値の陽線ではないので10本目と同じ5項目が該当しました。

12本目で新安値の後2本連続陽線になるが該当し底である可能性は再び60%になりました。

13本目は大陽線になりここでほぼ底であると決まったと思ったら14本目に再度新安値となりました。

14本目の該当項目は、新安値、新安値で下ひげの長い足、%K、%D、-1σ、-2σ以下の6つで60%です。

15本目には陽線になり16本目も連続陽線になりましたのでこの時点で14本目が底だったと確定しでもよいでしょう。

16本目まで待ってから買うのが確実ですがそれだと底からかなり株価が上がったところで買うことになります。リスクを取るのであれば2回目の60%になった12本目で買うべきでしょう。12本目で買っていればほぼ底で買えたことになります。

本書では1例だけを挙げましたが、ご自身で多くのチャートを確認して底らしさのポイントをつかんでくださいね。

この短期波動の底になる条件があなたにとっての聖杯になることを祈っています。

第3章　知らないと損する！

日経225先物、リスクヘッジ戦略

1 リスクヘッジの種類

第1章では個別銘柄の売買手法を書いてきました。第2章では日経225先物の売買手法を書いてきました。この2つの章に書いてあることを実践するだけでも株式投資で利益を上げていくことは可能です。

本書における目的はこの本を読んでいただいた人に儲けていただくことですからもう目的は達成したのかもしれません。今までの章で儲ける方法がわかったという人はここで本を閉じて実際に売買の実践に移ったほうがいいかもしれません。この後を読んでいくと今まで覚えたことを忘れてしまうかもしれません。本は開かれるためにあるのではなく閉じられるためにあるのです。今すぐこの本を閉じて実践に入ってください。

しかし、「もう少し読んでみたい」「まだ私は勉強が足りない」という人がいるかもしれません。そういう人はこの後の章でもお付き合いをお願いします。もう大丈夫と思っていても、思いどおりに利益を上げることができないのも投資の真実です。

本当に大丈夫と確信できるまでは実売買をしないことも自分の資金を守るためには大切なことです。

☆リスクヘッジは、日経225先物で

リスクヘッジとは、株式投資において危険（リスク）が想定される場合に、あらかじめ何らかの回避策や打開策を用意しておく

ことでしたね。

想定されるリスクとはどんなリスクがあるでしょうか。ロスカットまでの価格が大きいために株価が想定とは逆に動いたときに損失が大きくなる。今までヨコヨコで動いていた株価がいきなりストップ安となり損切りをしたくてもできない状態になる、などがありますね。

本書では基本的に個別銘柄の売買をしたときにおけるリスクをヘッジする方法を書いていきます。日経225先物を主体とした売買のリスクヘッジやオプションのリスクヘッジの方法ではありません。

まずはリスクヘッジの種類からです。ひとつめの方法は個別銘柄の売買におけるリスクヘッジを同じ個別銘柄で行う方法です。上昇トレンドにある銘柄を買い、そのリスクをヘッジするために下降トレンドにある銘柄を売るという方法です。メインの売買は上昇トレンドにある銘柄を買うということになります。

2番目の方法は個別銘柄を買い日経225先物を売るヘッジです。上昇トレンドにある個別銘柄を買いリスクが現れたら日経225先物を売るという方法です。

3番目の方法は個別銘柄を買いリスクが現れたら日経225オプションのプットを買うという方法です。日経225オプションについての説明はここでは省かせていただきますね。

3種類のリスクヘッジを紹介しましたが、この本では日経225先物でのリスクヘッジについて書いていきます。なぜ個別銘柄やオプションを使ってヘッジをしないのか、なぜ日経225先物を使ってヘッジをするのかについてはこの後で書いていきます。

2 なぜ日経225先物でリスクヘッジをするのか

☆日経平均株価と個別銘柄の連動性

日本には東京・大阪・名古屋という三大証券取引所がありましたが2011年11月22日に東京証券取引所グループと大阪証券取引所が経営統合を発表しました。そして2013年1月1日に子会社となった大阪証券取引所が、親会社となった東京証券取引所グループを吸収合併し、株式会社日本取引所グループに商号変更をしました。

これにより、東京と名古屋とで二大証券取引所と呼ばれるようになりました。地方取引所は福岡・札幌の2つの株式市場があります。また、新興市場ではジャスダック・マザーズ・セントレックス・アンビシャスなどがあります。

2014年6月現在の上場銘柄数は主なところで東証1部が1819銘柄、東証2部が545銘柄、マザーズが192銘柄です。すべての銘柄を合計すると3425銘柄あります。以前は3700銘柄程度あったのですが、東京と大阪が統合したことにより現在の3400銘柄程度に落ち着いています。

私たちはこれらすべての市場の銘柄を取引することが可能です。これら多くの銘柄の中で日経平均と連動する銘柄はどのような銘柄でしょう。

これはすぐにおわかりですよね。日経平均株価とはダウ式平均株であり、東証1部上場銘柄の中から流動性や業種等のバランスを考慮して選んだ225銘柄の株価平均を修正した金額です。日本経済新聞社が算出し、公表しています。採用銘柄は毎年見直されます。また臨時に入れ替えがされることもあります。

権利落ちに対しては株価修正を行い、連続性を保つようにしています。

民間企業が作成している経済指標ですが、日本政府が経済統計として唯一使用している珍しい指標でもあります。

つまり、日経平均採用銘柄が日経平均株価を決定しているのです。

ということは、日経平均採用銘柄は日経平均株価に連動していると考えられますね。

では、本当に連動しているのか実際の銘柄のチャートと日経平均のチャートを比べてみましょう。

☆日経平均と日経平均採用銘柄は本当に連動しているのか

日経225先物は流動性が高いので同じように個別銘柄でも流動性の高い銘柄を選んでみましょう。

まずは銀行株の8306㈱三菱UFJフィナンシャル・グループと比べてみましょう。

はじめに日経平均のチャート図32（次ページ）をご覧ください。

次に8306㈱三菱UFJフィナンシャル・グループのチャートをご覧ください。図33です（次ページ）。

1月の高値と2月初めの安値が同じ日になっています。

日経平均は16164円から13995円へと13.4%の下落となっています。8306㈱三菱UFJフィナンシャル・グループは697円から

583円へと16.4%の下落となっています。下落率は少し違いますが高値と安値は同じ日で連動しています。

図32

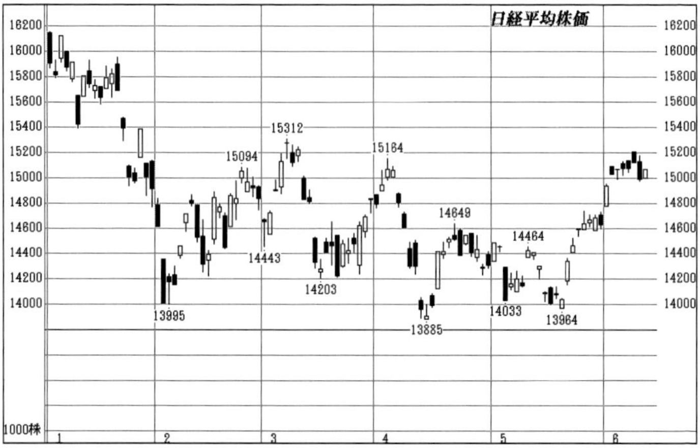

図33

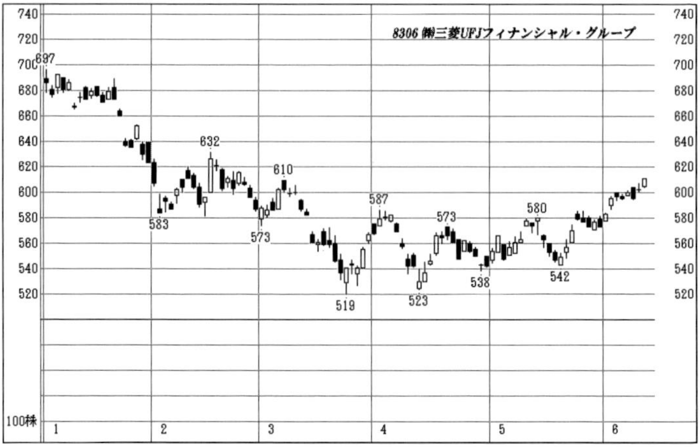

2月の高値を付けた日は少しずれていますが3月頭の安値を付けた日は同じ日です。

3月以降6月までチャートの形は若干違いますが、高値や安値を付けている日はほぼ同じ時期になっていて連動しているのがわかりますね。これを見ると上昇率下落率を含めて、高値安値の値動きの時期も同じように推移しているのがわかります。

時期によって上昇率下落率は連動せずに高値や安値の時期だけが連動する場合もありますが、日経平均株価と大手銀行の株価は連動する傾向が見られます。

2つのチャートを重ねてみるとよりわかりやすくなりますので次の図34で確認してください。

図34

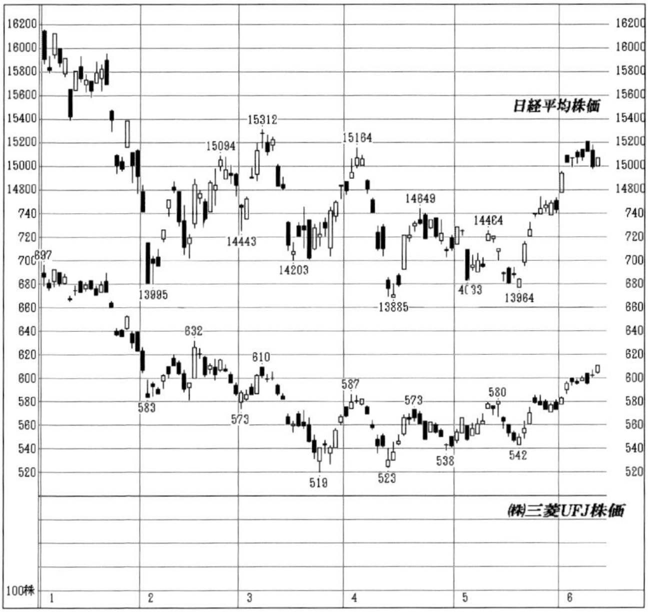

次に個人投資家の人気銘柄である9984ソフトバンクと比べてみましょう。

図35をご覧ください。

図35

先ほどと同じように日経平均のチャートと合わせてみますね。

図36です。

8306㈱三菱UFJフィナンシャル・グループと同じか、もしくはこちらのほうが日経平均株価と似たような動きをしているのがおわかりになると思います。

高値安値の動きはすべての月で同じような動きをしています。上昇率下落率を比べてみると日経平均の1月は16164円から13995円へと13.4%の下落となっています。

9984ソフトバンクの1月は9070円から6655円へと26.7%の下落となっています。下落率に関しては8306㈱三菱UFJフィナン

図36

シャル・グループのほうが日経平均株価と連動していますね。

ここでは2銘柄だけを掲載しましたが、日経平均と日経平均採用銘柄の多くはこのように連動することが多いのです。

日経平均採用銘柄で日経平均が決まるのですからまったく違う動きになることは少ないのですね。日経平均採用銘柄が日経平均と連動するのはある意味当たり前といえるのです。

3425もある銘柄から日経平均と連動する銘柄を探すのは宝探しのようなものです。しかし、日経平均採用銘柄でしたら225銘柄だけですから一晩あれば酒の肴にすべての銘柄を見て、日経平均と比較するのも可能でしょう。

チャートはできるだけ多くのチャートを見るようにしてください。多く見過ぎて悪いということはありません。見れば見るほどチャートの値動きが理解できるようになります。そのうちに本当にチャートを酒の肴にすることもできるようになりますよ。

3　日経225先物による リスクヘッジの優位性

☆銘柄選び不要、少ない資金でOK

リスクヘッジをするというのはどういうことかというと、たとえばある銘柄を買ったとします。そのリスクヘッジをするためにはその銘柄の株価が思惑から外れて下がったときに損失をカバーできる方法を採ればいいのですね。

個別銘柄でリスクヘッジをするには下落中の銘柄を売ってリスクヘッジをすればいいわけです。

しかし、ほとんどの銘柄が上昇トレンドにあるときに下降トレンドにある銘柄は非常に少なくなります。その少ない銘柄を探すのは至難の業です。リスクヘッジをするための銘柄探しだけで疲れてしまいますね。

その点、日経225先物や日経225オプションは銘柄を選ぶ必要はありません。日経225オプションの場合はちょっと複雑になりますが、日経225先物でしたら本当に1つだけです。実際には日経225先物ラージと日経225先物miniがありますし、限月違いがあるので複数になるのですが、実質1つと思っていただいてよいでしょう。

さらに日経225先物は出来高が多く流動性が高いのです。個別銘柄も流動性の高い銘柄を取引すればリスクを抑えることができます。流動性が高いということは、それだけでリスクを抑えることができるのです。

個別銘柄より日経225先物でリスクヘッジをするメリットはこれだけではありません。

魅惑の日経225先物の章で書いてあったことを思い出してください。日経225先物は非常にレバレッジの大きい商品です。50万円あれば日経225先物のラージを1枚取引できるのです。

ラージ1枚は日経平均が15000円だとすると、その1000倍の1500万円分の株を取引するのと同じことになります。日経225先物miniであれば1枚で150万円分ですね。

たとえば個別銘柄でリスクヘッジをする場合、500万円分の投資をしていてそれに対して100万円分のリスクヘッジをしようとすれば100万円分の個別銘柄を売ることになります。

信用取引のレバレッジは3.3倍ですから約33万円のヘッジ資金が必要になります。しかし日経225先物であれば100万円分のリスクヘッジをしようとする場合は日経225先物mini 1枚分の証拠金である5万円でヘッジをすることができるのです。

日経225先物によるヘッジは個別銘柄でのヘッジより非常に少ない資金で行えるということです。

これはとても魅力的なことです。投資はいかに少ない資金で多い利益を得られるかということですからレバレッジが高いということは非常に魅力的なことなんですね。

日経225先物によるリスクヘッジの優位性がおわかりになったと思います。この日経225先物を使ってどのようにリスクヘッジを行っていけばいいのかは次の項で詳しく説明していきますね。

4　日経225先物による
リスクヘッジ実践編

☆個別銘柄エントリー時のリスクヘッジ

いよいよリスクヘッジの実践編です。ここではどの場面でリスクヘッジをし、どのようになったらヘッジを外すのかを説明していきましょう。

リスクヘッジが必要となる場面は3通りが考えられます。まずひとつめの状況は個別銘柄の新規エントリー時です。個別銘柄のエントリーと同時に日経225先物でリスクヘッジをするという方法です。

ここではヘッジの比率を個別銘柄と同等にして説明をします。個別銘柄を買って株価が10%上昇して100万円の利益がある場合、日経225先物が10%上昇して100万円分損失になる割合の日経225先物を売るということです。

個別銘柄で買いエントリーする場合はもちろん上昇トレンドにある銘柄を買います。

チャートで高値および安値両方が切り上がっているのを確認してから買います。第1章の個別銘柄の選択方法で載せた波動のモデル図である図14（次ページ）をもう一度ご覧ください。

株価の高値安値両方が切り上がっているのはD～Iまでです。

ここまでの押し目では買ってもよいのですね。買うチャンスは図のE、G、Iの3カ所になります。

図14

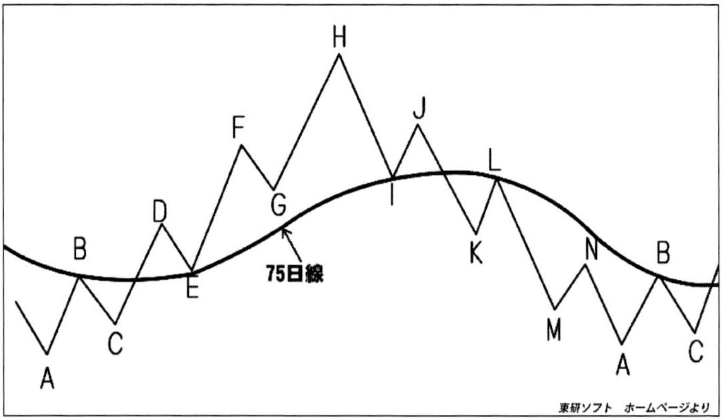

この3カ所の中でも最大の買い場はEでした。株を買った場合には必ずロスカットをどこに置くのかを決めておくことが重要です。ロスカットの設定をしていないと買った株が必ず塩漬けになってしまうからです。

Eで買った場合はロスカットをどこに置けばよいのでしょうか。

ロスカットをするのは買ったときの条件が崩れた時が基本です。

買うための条件は上昇トレンドでした。上昇トレンドは高値切り上げ、安値切り上げです。ということはこの高値切り上げ、安値切り上げの条件が崩れたときにロスカットをすればよいということになります。

上昇トレンドが崩れるのはEで買ったが反発しないでさらに下がり株価が直近安値のCを下回ったときになります。株式投資で儲けるためにはある程度のリスクを取らなければなりません。E

の地点で買った場合のリスクはEの株価からCの株価を下抜いた価格となります。単純に言うとC－E間の値幅です。

今回はこのC－E間のリスクをヘッジしてやればいいわけですね。個別銘柄の日足チャートがEになったと思われる時点で株式を購入します。と同時に日経225先物を売ります。

このときに個別銘柄の日足チャートと日経225先物の日足チャートを比べてください。日経225先物のチャートにおいて現在の株価が個別銘柄とほぼ同じ位置になっていれば問題ありません。同じ位置というのはモデル図のEの地点です。

日経平均に連動している銘柄を買っていれば買った時点の日経平均のチャートも個別銘柄のチャートと同じようなチャートになっているはずです。

個別銘柄のチャートで現在の株価がEの地点になっているのに日経225先物の株価がDの地点にあった場合は個別銘柄の動きは日経平均よりも弱いということになりますので注意が必要です。逆に、個別銘柄の株価がEの地点にあるときに日経平均の株価がEを下回って75日移動平均線よりも低い位置にあった場合には購入した個別銘柄は日経平均よりも強い動きをしているので日経平均を引っ張る銘柄になっていくということになります。

このように日経平均よりも強い動きをしている銘柄を選択することによりリスクヘッジがさらに有効になっていきます。

☆ヘッジを外すタイミング

個別銘柄をEの時点で買った場合のヘッジ玉を外す時期について説明します。

Eの時点で買ったからといって75日移動平均線で下げ止まるとは限りません。一度75日移動平均線の下に株価が行ってから反発し直近高値であるDを上抜いていく動きになることもあるのです。

株価が75日移動平均線の下に行っている時期は、個別銘柄は含み損になっていますが、日経225先物は含み益になっているはずです。個別銘柄の含み損と日経225先物の含み益が同じであればばっちりヘッジが効いているということです。

個別銘柄の株価が75日移動平均線から上昇し完全に75日移動平均線の上になったらヘッジの玉を外します。完全に75日移動平均線の上に株価が来たという判断は直近の高値を超えた時点が一番確実ですが、それを待っていては利益が少なくなってしまいます。ローソク足の終値が連続5日間75日移動平均線の上になった時点で完全に上に行ったと判断するのがよいでしょう。

ヘッジを外した後はこの後に説明する「利益が乗っている場合のヘッジ」までは何もしないで個別銘柄を保有し続けることになります。

逆に、個別銘柄の株価が直近安値であるCを下抜いたら個別銘柄を持っている前提条件が崩れますのでロスカットをします。それと同時にヘッジの日経225先物も手仕舞いとします。この時点では個別銘柄の損失と日経225先物の利益が同じ程度になっているはずです。これで損失はほぼゼロになります。

☆75日移動平均線より上の位置で買った場合のリスクヘッジ

次に個別銘柄をGの時点で買った場合のリスクヘッジの方法

について説明します。

Gで買った場合はロスカットをどこに置けばよいのでしょうか。

買うための条件はEのときと同じく上昇トレンドです。上昇トレンドが崩れるのはGで買ったが反発しないでさらに下がり株価が直近安値のEを下回ったときになります。

Gの地点で買った場合のリスクはGの株価からEの株価を下抜いた価格となります。単純に言うとE－G間の値幅です。

今回はこのE－G間のリスクをヘッジしてやればいいわけですね。しかしE－G間というのは非常に価格差が大きくなる場合が多いのです。株を買う条件としてもうひとつ、株価が75日移動平均線の上にあるという条件がありました。つまり、株価が75日移動平均線を完全に下回ったらロスカットをすればよいのです。株価が完全に75日移動平均線を下回ったと判断するのは株価の終値が5日連続で75日移動平均線を下回ったときとします。個別銘柄の日足チャートがGになったと思われる時点で株式を購入します。と同時に日経225先物を売ります。

このときに個別銘柄の日足チャートと日経225先物の日足チャートを比べてください。日経225先物のチャートにおいて現在の株価が個別銘柄とほぼ同じ位置になっていれば問題ありません。同じ位置というのはモデル図のGの地点です。

日経平均に連動している銘柄を買っていれば買った時点の日経平均のチャートも個別銘柄のチャートと同じようなチャートになっているはずです。個別銘柄のチャートで現在の株価がGの地点になっているのに日経225先物の株価がFの地点にあった場合は個別銘柄の動きは日経平均よりも弱いということになりますので注意が必要です。

逆に、個別銘柄の株価がGの地点にあるときに日経平均の株価がGを下回って75日移動平均線付近にあった場合には購入した個別銘柄は日経平均よりも強い動きをしているので日経平均を引っ張る銘柄になっていくということになります。

☆ヘッジを外すタイミング

個別銘柄をGの時点で買った場合のヘッジ玉を外す時期について説明します。

Gの時点で買ったからといってすぐに反発して上昇するとは限りません。75日移動平均線付近まで下落してから反発し直近高値であるFを上抜いていく動きになることもあります。

株価がGの位置より下に行っている時期の個別銘柄は含み損になっていますが、日経225先物は含み益になっているはずです。個別銘柄の含み損と日経225先物の含み益が同程度であればばっちりヘッジが効いているということです。

個別銘柄の株価が75日移動平均線を下回らずに上昇し完全に買値を上回ったときにヘッジの玉を外します。買値を完全に上回ったという判断は直近の高値を超えた時点が一番確実ですが、それを待っていては利益が少なくなってしまいます。ローソク足の終値が連続5日間、買値の上になった時点で完全に上に行ったと判断するのがよいでしょう。

ロスカットは5日間連続して75日移動平均線を下回ったときになりますので、そのときにはヘッジの日経225先物も手仕舞いとします。この時点では、個別銘柄の損失と日経225先物の利益が同じ程度になっているはずです。これで損失はほぼゼロになります。

☆75日移動平均線より上で買った場合のリスクヘッジ

次に個別銘柄をIの時点で買った場合のリスクヘッジの方法について説明します。

Iで買った場合はロスカットをどこに置けばよいのでしょうか。買うための条件はEやGのときと同じく上昇トレンドです。上昇トレンドが崩れるのはIで買ったが反発しないでさらに下がり株価が直近安値のGを下回ったときになります。

Iの地点で買った場合のリスクはIの株価からGの株価を下抜いた価格となります。単純に言うとG－I間の値幅です。今回はこのG－I間のリスクをヘッジしてやればいいわけですね。モデル図ではG－I間の価格差はほとんどありませんが実際には価格差が大きくなる場合も出てきます。

個別銘柄の日足チャートがIになったと思われる時点で株式を購入します。と同時に日経225先物を売ります。

このときに個別銘柄の日足チャートと日経225先物の日足チャートを比べてください。日経225先物のチャートにおいて現在の株価が個別銘柄とほぼ同じ位置になっていれば問題ありません。同じ位置というのはモデル図のIの地点です。

日経平均に連動している銘柄を買っていれば買った時点の日経平均のチャートも個別銘柄のチャートと同じようなチャートになっているはずです。個別銘柄のチャートで現在の株価がIの地点になっているのに日経225先物の株価がHの地点にあった場合は個別銘柄の動きは日経平均よりも弱いということになりますので注意が必要です。

逆に、個別銘柄の株価がIの地点にあるときに日経平均の株価がIを下回って75日移動平均線よりも低い位置にあった場合には、購入した個別銘柄は日経平均よりも強い動きをしているので日経平均を引っ張る銘柄になっていくということになります。この場合も日経平均よりも強い動きをしている銘柄を選択することによりリスクヘッジがさらに有効になっていきます。

☆ヘッジを外すタイミング

個別銘柄をIの時点で買った場合のヘッジ玉を外す時期について説明します。

Iの時点で買ったからといって75日移動平均線で下げ止まるとは限りません。一度75日移動平均線の下に株価が行ってから反発し上昇していく動きになることもあります。

株価が75日移動平均線の下に行っている時期は、個別銘柄は含み損になっていますが日経225先物は含み益になっているはずです。個別銘柄の含み損と日経225先物の含み益が同じであればばっちりヘッジが効いているということです。

個別銘柄の株価が75日移動平均線から上昇し完全に75日移動平均線の上になったらヘッジの玉を外します。完全に75日移動平均線の上に株価が来たという判断は直近の高値を超えた時点が一番確実ですが、それを待っていては利益が少なくなってしまいます。ローソク足の終値が連続5日間75日移動平均線の上になった時点で完全に上に行ったと判断するのがよいでしょう。

ヘッジを外した後はこの後に説明する「利益が乗っている場合のヘッジ」までは何もしないで個別銘柄を保有し続けることになります。

逆に、個別銘柄の株価が直近安値であるGを下抜いた場合は個別銘柄を持っている前提条件が崩れますのでロスカットをします。それと同時にヘッジの日経225先物も手仕舞いとします。この時点では個別銘柄の損失と日経225先物の利益が同じ程度になっているはずです。これで損失はほぼゼロになります。

個別銘柄をIで買った場合の利食いはちょっと難しくなります。Iで買った後Hを上抜く動きになることもあればHが天井となり下降トレンドに移行する場合もありますので利食いは確実に行ったほうが無難です。「利食い千人力」と言いますからね。

利食いについてはまた別の機会に書かせていただきますね。

5 含み損が出ている時点でのリスクヘッジ

☆トータルで考えれば　リスクヘッジは含み損が出てからが賢明

では、次に個別銘柄を買ったが含み損になっている時点でのリスクヘッジについて説明します。

もう一度モデル図14をご覧ください。

図14

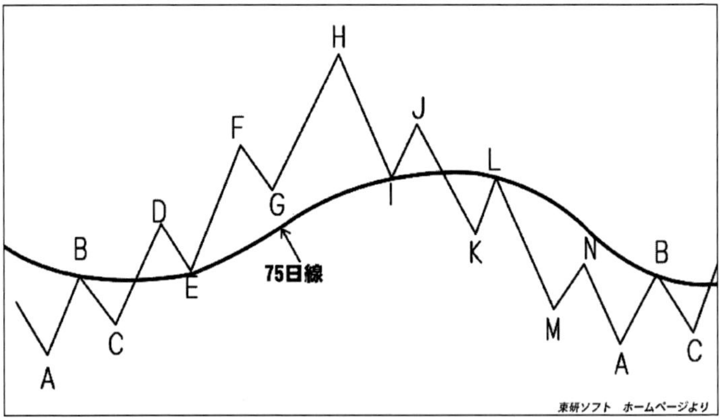

個別銘柄の買いエントリー時期はモデル図のE、G、Iの3カ所でした。先ほどはエントリー時にリスクヘッジをしましたが、今回は買いエントリー時にはリスクヘッジをしないで、エントリー後、含み損が出てきた場合にリスクヘッジをしてみましょう。

なぜそのようなことをするのかというと個別銘柄のエントリー時というのは株価が上昇するであろう可能性が高いと思ったから買ったのですね。株価が上昇する可能性が高いのにリスクヘッジをするのはもったいないと思いませんか。みすみす利益を逃していることにもなります。思惑に反して含み損が出てからリスクヘッジをするほうがトータルの利益が上になるのではないでしょうか。個別のエントリー時にリスクヘッジをするというのは、自信のない表れと捉えられてもおかしくないのですね。

では、まず個別銘柄をEの時点で買ったが含み損が出た場合です。

☆75日移動平均線を完全に下回ってからリスクヘッジする

Eで買った場合のロスカットは高値切り上げ、安値切り上げの条件が崩れたときにすればよいということでした。上昇トレンドが崩れるのはEで買ったが反発しないでさらに下がり株価が直近安値のCを下回ったときになります。

Eの地点で買った場合のリスクはEの株価からCの株価を引いた価格となります。単純に言うとC－E間の値幅です。

今回はこのC－E間のリスクヘッジではなくEから株価が下がって含み損が出たときのリスクヘッジです。個別銘柄の日足チャートがEになったと思われる時点で株式を購入します。

この時点ではまだ日経225先物は売りません。個別銘柄の株価が75日移動平均線を完全に下回ったときに日経225先物を売ります。このときに個別銘柄の日足チャートと日経225先物の日足チャートを比べてください。

日経225先物のチャートにおいて現在の株価が個別銘柄とほぼ

同じ位置になっていれば問題ありません。同じ位置というのはモデル図のEより下がって75日移動平均線を完全に下回っている状態です。

日経平均に連動している銘柄を買っていれば買った時点の日経平均のチャートも個別銘柄のチャートと同じようなチャートになっているはずです。

個別銘柄のチャートで現在の株価が75日移動平均線を下回っているのに日経225先物の株価が75日移動平均線の上にあった場合は個別銘柄の動きは日経平均よりも弱いということになりますので注意が必要です。弱い動きをしている銘柄をいつまでも持っている必要はありませんね。ヘッジをするのではなくロスカットすることも考えなければなりません。

逆に、個別銘柄の株価が完全に75日移動平均線の下にあるときに日経平均の株価がさらに下にある場合は購入した個別銘柄は日経平均よりも強い動きをしているので日経平均を引っ張る銘柄になっていくということになります。繰り返しますが、このように日経平均よりも強い動きをしている銘柄を選択することによりリスクヘッジがさらに有効になっていきます。しかし、この時点で日経平均がCの株価を下回っていた場合にはリスクヘッジをするのではなく個別銘柄をロスカットします。

なぜかというと日経平均と連動した個別銘柄を買っているので日経平均が下降トレンドになった場合、個別銘柄も下降トレンドになる可能性が高くなるからです。

下降トレンドになる可能性が高い銘柄を保有する必要はありません。利益が乗っていればすぐに手仕舞い、また少しの含み損の場合にもすぐに手仕舞いをするのがよいでしょう。

個別銘柄をEの時点で買った場合のヘッジ玉を外す時期については個別銘柄のエントリー時のリスクヘッジと同じ時期でよいでしょう。つまり個別銘柄の株価が75日移動平均線から上昇し完全に75日移動平均線の上になったときにヘッジの玉を外します。

完全に75日移動平均線の上に株価が来たという判断は直近の高値を超えた時点が一番確実ですが、それを待っていては利益が少なくなってしまいます。ローソク足の終値が連続5日間75日移動平均線の上になった時点で完全に上に行ったと判断するのがよいでしょう。

ヘッジを外した後はこの後に説明する「利益が乗っている場合のヘッジ」までは何もしないで個別銘柄を保有し続けることになります。

逆に、個別銘柄の株価が直近安値であるCを下抜いたら個別銘柄を持っている前提条件が崩れますのでロスカットをします。それと同時にヘッジの日経225先物も手仕舞いとします。この時点では個別銘柄の損失が日経225先物の利益よりも大きくなっていますが、合計での損失はかなり小さくなっています。

☆75回線タッチでリスクヘッジする

次に、個別銘柄をGの時点で買った後に含み損が出た場合のリスクヘッジの方法について説明します。

Gで買った場合のロスカットはEと同じく上昇トレンドが崩れたときです。上昇トレンドが崩れるのはGで買ったが反発しないでさらに下がり株価が直近安値のEを下回ったときになります。

Gの地点で買った場合のリスクはGの株価からEの株価を引いた価格となります。単純に言うとE－G間の値幅です。

今回はGで買ったが思惑に反して株価が下がり含み損が出た時点からEまでのリスクをヘッジしてやればいいわけですね。

リスクヘッジをする場面はずばり75日移動平均線の地点です。

株価は75日移動平均線で下げ止まることが多いのでここでリスクヘッジをすればロスカットがわかりやすくなります。株価が75日移動平均線を完全に下回ったらロスカットをすればよいのです。

株価が完全に75日移動平均線を下回ったと判断するのは株価の終値が5日連続で75日移動平均線を下回ったときとします。個別銘柄の日足チャートがGになったと思われる時点で株式を購入します。この時点ではまだ日経225先物は売りません。個別銘柄の株価が75日移動平均線にタッチしたときに日経225先物を売ります。

このときに個別銘柄の日足チャートと日経225先物の日足チャートを比べてください。日経225先物のチャートにおいて現在の株価が個別銘柄とほぼ同じ位置になっていれば問題ありません。同じ位置というのはモデル図のGの下にある75日移動平均線の地点です。日経平均に連動している銘柄を買っていれば買った時点の日経平均のチャートも個別銘柄のチャートと同じようなチャートになっているはずです。

個別銘柄のチャートで現在の株価が75日移動平均線にあるのに日経225先物の株価がFからG地点にあった場合は個別銘柄の動きは日経平均よりも弱いということになりますので注意が必要

です。弱い動きをしている銘柄をいつまでも持っている必要はありませんね。ヘッジをするのではなくロスカットすることも考えなければなりません。

逆に、個別銘柄の株価が75日移動平均線にあるときに日経平均の株価が75日移動平均線を下回っている場合には購入した個別銘柄は日経平均よりも強い動きをしているので日経平均を引っ張る銘柄になっていくということになります。

このように日経平均よりも強い動きをしている銘柄を選択することによりリスクヘッジがさらに有効になっていきます。

この時点で日経平均がEの株価を下回っていた場合にはリスクヘッジをするのではなく個別銘柄をロスカットします。なぜかというと日経平均と連動した個別銘柄を買っているので日経平均が下降トレンドになった場合、個別銘柄も下降トレンドになる可能性が高くなるからです。

下降トレンドになる可能性が高い銘柄を保有する必要はありません。利益が乗っていればすぐに手仕舞い、また少しの含み損の場合にもすぐに手仕舞いをするのがよいでしょう。

個別銘柄をGの時点で買った場合のヘッジ玉を外す時期については、個別銘柄のエントリー時のリスクヘッジと同じ時期でよいでしょう。個別銘柄の株価が終値で75日移動平均線を5日連続下回らずに上昇し、完全に買値を上回ったときにヘッジの玉を外します。

買値を完全に上回ったという判断は直近の高値を超えた時点が一番確実ですが、それを待っていては利益が少なくなってしまいます。ローソク足の終値が連続5日間買値の上になった時点で完全に上に行ったと判断するのがよいでしょう。

ヘッジを外した後はこの後に説明する「利益が乗っている場合のヘッジ」までは何もしないで個別銘柄を保有し続けることになります。

逆に、個別銘柄の株価が直近安値であるEを下抜いたら個別銘柄を持っている前提条件が崩れますのでロスカットをします。それと同時にヘッジの日経225先物も手仕舞いとします。この時点では個別銘柄の損失が日経225先物の利益よりも大きくなっていますが合計での損失はかなり小さくなっているはずです。

☆直近安値をメドにロスカットも視野に入れる

最後に、個別銘柄をIの時点で買った後含み損が出た場合のリスクヘッジの方法について説明します。

Iで買った場合は、ロスカットはEやGのときと同じです。買うための条件はEやGのときと同じく上昇トレンドです。上昇トレンドが崩れるのはIで買ったが反発しないで、さらに下がり株価が直近安値のGを下回ったときになります。

Iの地点で買った場合のリスクはIの株価からGの株価を引いた価格となります。単純に言うとG－I間の値幅です。

今回はこのIで買ったが株価が下がり含み損になった時点からGまでの間のリスクをヘッジしてやればいいわけですね。モデル図ではG－I間の価格差はほとんどありませんが、実際には価格差が大きくなる場合も出てきます。

個別銘柄の日足チャートがIになったと思われる時点で株式を

購入します。この時点ではまだ日経225先物は売りません。個別銘柄の株価が75日移動平均線を完全に下回った時点で日経225先物を売ります。このときに個別銘柄の日足チャートと日経225先物の日足チャートを比べてください。

日経225先物のチャートにおいて現在の株価が個別銘柄とほぼ同じ位置になっていれば問題ありません。同じ位置というのはモデル図のIにある75日移動平均線を完全に下回った地点です。

日経平均に連動している銘柄を買っていれば買った時点の日経平均のチャートも個別銘柄のチャートと同じようなチャートになっているはずです。個別銘柄のチャートで現在の株価が75日移動平均線を完全に下回っているのに日経225先物の株価が75日移動平均線の上にあった場合は個別銘柄の動きは日経平均よりも弱いということになりますので注意が必要です。すぐにGの株価を割ってくる可能性があります。

逆に、個別銘柄の株価が75日移動平均線下にあるときに日経平均の株価がG付近にいる場合には購入した個別銘柄は日経平均よりも強い動きをしているので日経平均を引っ張る銘柄になっていくということになります。

重要なので何度も書きますが、このように日経平均よりも強い動きをしている銘柄を選択することによりリスクヘッジがさらに有効になっていきます。

この時点で日経平均がGの株価を下回っていた場合にはリスクヘッジをするのではなく個別銘柄をロスカットします。なぜかというと日経平均と連動した個別銘柄を買っているので日経平均が下降トレンドになった場合、個別銘柄も下降トレンドになる可能性が高くなるからです。

下降トレンドになる可能性が高い銘柄を保有する必要はありません。利益が乗っていればすぐに手仕舞い、また少しの含み損の場合にもすぐに手仕舞いをするのがよいでしょう。

個別銘柄をGの時点で買った場合のヘッジ玉を外す時期については個別銘柄のエントリー時のリスクヘッジと同じ時期でよいでしょう。

個別銘柄の株価が75日移動平均線から上昇し完全に75日移動平均線の上になったらヘッジの玉を外します。完全に75日移動平均線の上に株価が来たという判断は直近の高値を超えた時点が一番確実ですがそれを待っていては利益が少なくなってしまいます。ローソク足の終値が連続5日間75日移動平均線の上になった時点で完全に上に行ったと判断するのがよいでしょう。

ヘッジを外した後はこの後に説明する「利益が乗っている場合のヘッジ」までは何もしないで個別銘柄を保有し続けることになります。

逆に、個別銘柄の株価が直近安値であるGを下抜いたら個別銘柄を持っている前提条件が崩れますのでロスカットをします。それと同時にヘッジの日経225先物も手仕舞いとします。この時点では個別銘柄の損失が日経225先物の利益よりも大きくなっていますが合計での損失はかなり小さくなっています。

個別銘柄をIで買った場合の利食いはちょっと難しくなります。Iで買った後Hを上抜く動きになることもあればHが天井となり下降トレンドに移行する場合もありますので利食いは確実に行ったほうが無難です。

含み損が出ている時点でのリスクヘッジはこれで終了となります。次は含み益が出ている時点でのリスクヘッジについてです。このリスクヘッジが一番重要ですので楽しみながら読んでくださいね。

この章では同じような文章が多く出ていますので理解できるまで何度も繰り返し読んでくださいね。そのときに75日移動平均線のモデル図を拡大コピーして手元に置いておくとより理解が深まります。

6 含み益が出ている時点でのリスクヘッジ

☆エントリー時のリスクヘッジは慣れたら不要

本書をここまで読んでいる読者はもうお気づきだと思いますが、実は個別銘柄の新規エントリー時にリスクヘッジをする必要はないのですね。

私の売買手法は上昇トレンドにある銘柄を買うのです。下降トレンドにある銘柄を売るのです。そして買う場面というのは75日移動平均線だけを見ればわかるのです。買いでエントリーした場合にはエントリー後に75日移動平均線を完全に下回ったらロスカットすればいいのです。

75日移動平均線のすぐ上で買い、下回ったらロスカットする。つまり、新規で買いエントリーをする時点でリスクは最小限に収まっているのですね。ですからこれ以上のリスクヘッジをする必要はないのです。

しかし、買った銘柄が必ず上昇するという保証はどこにもありません。75日移動平均線に向かって株価が下がってきているところを買うわけですから精神的に不安になる人もいると思います。ですから慣れるまでは新規エントリー時にもリスクヘッジをしてストレスを減らしてもよいと思います。

含み損が出ている場面でのリスクヘッジにも同様のことが言えます。モデル図のEおよびIでのエントリーは75日移動平均線が目安となっていますのでロスカットがはっきりしています。Gのエントリーだけは75日移動平均線の上でエントリーするのでリスクヘッジをしてもよいでしょう。

☆日経平均の天井らしきところを見極める

それでは本命の含み益が出ている時点でのリスクヘッジについての説明に入ります。

まずはモデル図のEでのエントリーについてです。

もう一度モデル図をご覧ください。

すでに拡大コピーして手元にありますよね。ここでは掲載しませんのでご自身でコピーしたモデル図をご覧くださいね。

個別銘柄の株価がEの時点にあるものを選択しエントリーします。株価が思惑と外れて直近安値のCの株価を下回ったらロスカットをします。エントリーからCまでの価格が大き過ぎてロスカットに耐えられないという人は75日移動平均線を完全に下回ったときにロスカットをします。

移動平均線を完全に下回った判断はもうおかわりですね。終値が5日間連続して75日移動平均線を下回った場合に完全に下回ったと判断します。そして再び株価が75日移動平均線を上回った時点で再エントリーをすることになります。

Eで買いエントリーをして株価が順調に上昇しDを上回ってきたらそろそろリスクヘッジの準備に入ります。今株価は順調に上昇トレンドにありますのでこのままいくとF－G－Hの動きになると思われます。

人間の心理とはおもしろいもので、Fでピークをつけ下落を始めると利食いをしたくてしたくてたまらなくなるのです。人間は自分の身を守ろうとする本能がありますので利益を守ろうとするのですね。ですからFからの下落が始まるとほとんどのトレーダーは利食いをします。

そしてGでボトムをつけた後Fを上回り一番利益の出るHまでの動きを見ているだけになってしまうのです。このF－G間の下落を乗り越えることができるトレーダーだけが多くの利益を手にすることができます。

多くのトレーダーはこのF－G間の下落に耐えることができません。そこで登場するのが日経225先物によるリスクヘッジです。F－G間の下落を日経225先物でリスクヘッジしてやれば損益はトントンになりE－F間およびG－H間両方の利益を合計した多くの利益を得ることが可能となります。

個別銘柄をEの時点でエントリーし、株価が順調に上昇してきた場合、Eからの上昇が止まるFであるとわかるのはFからかなり下落しGに近くなった時点です。Fを的確に当てることは神様にしかできません。では私たちはどのようにしてFの時点でリスクヘッジをすればよいのでしょうか。

ここで第2章の「日経225先物の聖杯は逆張りだった」を思い出してください。この章には日経225先物の買い方が書いてあります。底で買うのは神様にしかできないのでした。しかし底らしい場面で買うことは我々にもできるのでしたね。底らしいということがわかるということは逆に考えると天井らしいということもわかるということです。

もう一度短期波動の底らしさを決める条件を見てみましょう。

1. ストキャスティクスの%Kが30以下になる
2. ストキャスティクスの%Dが30以下になる
3. 株価がボリンジャーバンドの-1σ以下になる
4. 株価がボリンジャーバンドの-2σ以下になる
5. 現在の短期波動での新安値になる
6. 新安値の陽線になる
7. 新安値で下ひげの長い足が出現する
8. 新安値の次の足で大陽線になる
9. 新安値の次に足で上に窓空けする
10. 新安値の後2本連続陽線になる

上記の10個の条件が短期波動の底らしさを決めるものでした。

天井らしさを決める条件とはこの条件と逆になりますので以下のようになります。

1. ストキャスティクスの%Kが70以上になる
2. ストキャスティクスの%Dが70以上になる
3. 株価がボリンジャーバンドの1σ以上になる
4. 株価がボリンジャーバンドの2σ以上になる
5. 現在の短期波動での新高値になる
6. 新高値の陰線になる
7. 新高値で上ひげの長い足が出現する
8. 新高値の次の足で大陰線になる
9. 新高値の次に足で下に窓空けする
10. 新高値の後2本連続陰線になる

今回の手法では日経平均と連動した個別銘柄を買うわけですから個別銘柄チャートがFに近くなったときには日経平均のチャートもFに近くなっている可能性が高いのです。ですからヘッジをする場合には個別銘柄のチャートを見るのではなく日経平均のチャートの天井らしさが高くなった時点でリスクヘッジをします。

☆天井らしさ70～80%でリスクヘッジ

日経225先物の章ではリスクをとって60%程度の確率で底らしくなったら買うと書きましたが、リスクヘッジをする場合にはもっと高い確率になったときにヘッジをかけます。リスクをヘッジするのが目的なのですからわざわざリスクを大きくする必要はないのですね。

日経平均のチャートで天井らしさが70%～80%になったら日経225先物を売ります。

ここで見るチャートが日経225先物のチャートではなく日経平均のチャートだということに違和感を持つ人がいるかもしれませんね。

日経平均のチャートと日経225先物のチャートを見比べてください。何かが違うのに気づくと思います。

個別銘柄の売買は15時で終了します。しかし、日経225先物にはナイトセッションがあるので翌日の午前3時過ぎまで取引が行われているのです。

一番の問題はナイトセッションの取引は翌日分として日足のチャートに描かれるのです。ナイトセッションの株価が含まれたチャートはギャップのない連続したチャートになるのです。これでは天井らしさを決める条件がずれてきてしまうのですね。

多くの証券会社では日経225先物のチャートはナイトセッションの株価が含まれていますので底らしさ、天井らしさを判断するには、実際の動きに沿った日経平均のチャートを使うのです。

個別銘柄をEの時点でエントリーした後、順調に株価が上昇し、Fらしさが70%～80%になったら日経225先物でリスクヘッジをします。

リスクヘッジをした後も株価が上昇することがありますが、その場合は個別銘柄の含み益が増え日経225先物の含み損が発生しますので損益はトントンとなりリスクヘッジをするまでの個別銘柄の利益が守られます。

そして短期波動がピークを付け、下げ始めたら日経225先物のヘッジを外すタイミングをはかることになります。

☆短期波動、底70～80%でヘッジを外す

ヘッジを外すのはもちろんGの地点です。株価が下落し、Gになった時点では個別銘柄の含み益はFの地点よりも減っていますが、その分日経225先物の売り玉に利益が発生しています。ですからF－G間の損益はトントンとなり個別銘柄のE－F間の利益はしっかりとヘッジされているのです。

短期波動がモデル図のGになったとわかるのはGからかなり上昇した時点になります。Gでヘッジを外すことのできるのは神様だけです。神様ならヘッジの必要もないですね（笑）。

私たちにわかるのはGらしいということだけです。しかし短期波動の底であるGらしいということがわかるだけで十分なので

すね。先ほどの条件で短期波動の底らしさが70%～80%になった時点で日経225先物のヘッジ玉を外します。

個別銘柄の株価はさらに下がる可能性もありますが多くの場合75日移動平均線よりも上で下げ止まりHに向けて上昇していきます。仮に75日移動平均線を完全に下回った場合には、個別銘柄を手仕舞いして利益を確保すればよいのです。

75日移動平均線を完全に下回ったという判断は今までと同じです。そうすれば最悪の場合でもEから75日移動平均線までのほとんどの部分を利益にすることができるのです。

下落が止まりHに向けて上昇すれば個別銘柄の含み益はどんどん増えていきます。後はHらしいということがわかった時点で再び日経225先物によるリスクヘッジをすればいいのです。

中期波動のモデル図を見るとHで天井となりその後は下降トレンドになっていますが、実際の株価の動きではIの後もHの株価を上回ってくることがあります。

その場合には図37のように、初めのHの後の高値ももう一度Hとなります。

強い動きの場合にはHが複数続くことになります。

Iも同様に新しいHの次のボトムが新たなIになります。非常に強い上昇波動ではこのようにHが何回も発生するという現象が起こります。ですから初めのHらしい時点でのリスクヘッジも必要となるのです。

個別銘柄をEの時点で買った場合のリスクヘッジの説明は以上で終了となります。

Gで買った場合とIで買った場合のヘッジの方法はEで買った

場合の応用となりますので今まで本書を読んでいただいたみなさまには簡単にわかると思います。

ページの都合もありますのでここではGおよびIでのリスクヘッジについては省略させていただきます。

日経225先物によるリスクヘッジを有効に利用していただき、みなさまの利益が増えることを願っています。

図37

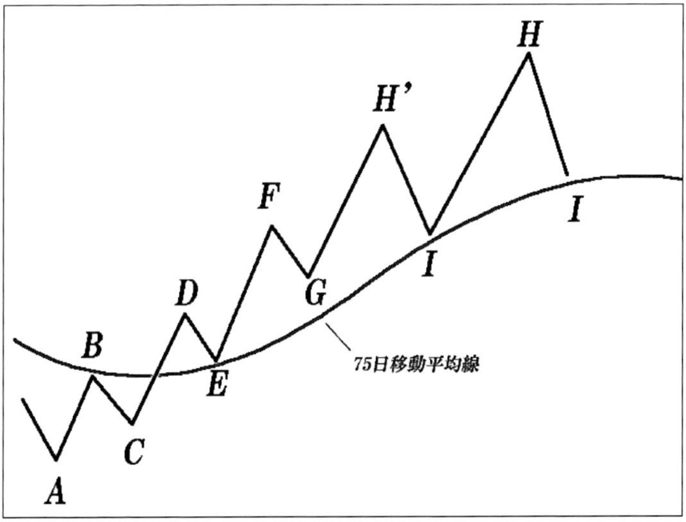

最終章

儲からない投資家が一番嫌いな話
儲かる投資家が一番好きな話

1 あなたは簡単に破産できる

あなたが投資において破産をしたければとても簡単に破産することができます。相場の勉強をせずに、今現在持っている資金をすべてトレードにつぎ込めばいいだけなのです。

無防備な状態で果敢に相場に立ち向かえばいいのです。

この本を読んでいるあなたは、投資をする限り儲けることはあっても破産は避けたいですよね。そのためには破産確率というものについて知っておく必要があります。

☆破産する確率0%に近づける方法

破産確率とは、投下資金のすべてを失ってしまう確率のことです。簡単に言うと投資した全財産を失ってしまう確率ですね。

破産確率を予測することは、とても重要なことです。なぜなら100%破産するとわかっているのに投資をする人はいないでしょう。

では50%の確率で破産するとしたらどうでしょう？　それでも投資をする人はほとんどいないのではないでしょうか。しかし、破産する確率が10%だった場合には、多くの人が投資を始めます。破産する確率が0%だったら確実に投資を始めますよね。

それでは破産する確率を0%に近づけるための方法を紹介しましょう。これを知っているだけで投資に対するストレスが大幅に軽減されますので、ぜひ覚えておいてください。

破産の確率を決めるのは次の3点です。このことは非常に重要ですからしっかりと頭に叩き込んでくださいね。

①勝率
②ペイオフ比率
③トレードにおけるリスク資金の比率

①の勝率は説明しなくてもわかると思います。トレード数に対する勝利数のことです。100トレードして50勝50敗なら勝率50%となります。

②のペイオフ比率は、ペイオフレシオともいいます。また損益レシオともいいます。負けトレードの平均損失に対する勝ちトレードの平均利益の比率のことです。

計算方法は

「勝ちトレードの平均利益÷負けトレードの平均損失」

となります。

たとえば100トレードをして50勝50敗だったときに50勝の合計利益が500万円で平均利益が10万円、50敗の合計損失が250万円で平均損失5万円だとした場合の計算は100,000 ÷ 50,000 = 2でペイオフ比率は2となります。この数値は値が大きいほど、1回の勝ちでこれまでの負けを取り戻しやすいということであって、値が大きいほど優れた売買であるということではありません。この数値はよくトレードシステムの評価をする際や複数のトレードシステムのパフォーマンスを比較検討する場合に用いられます。

③のトレードにおけるリスク資金の比率とは、自分の投資資金

に対して金額ベースでどれだけのリスクを取るのかということです。たとえば1回の投資に1000万円を充てた場合、金額ベースで10万円の損切りを想定したとします。計算式は10万円÷1000万円×100＝1となりリスク資金の比率は1%となります。

①の勝率と②のペイオフ比率は自分で決めることができません。しかし、③のトレードにおけるリスク資金の比率だけは自分で決めることができます。

勝率が高ければ高いほど破産する確率が低くなるのは当然ですね。どの程度の勝率があれば破産する確率が大幅に減るのかというと、それは勝率が50%を超えたときです。勝率が50%を超えると破産の確率は大幅に低下するのです。

☆勝率50%、ペイオフ比率1では破産する可能性あり

次に、次の図38から図40の3つの図をご覧ください。これらの表は資産のうちどれだけリスクにさらしたら破産するのかを表しています。

まずは図38です。総資産の1%をリスクにさらした場合の破産確率です。ここでは自分の売買の勝率が50%でペイオフ比率が1以上になると破産する確率が0%になります。自分の売買の勝率が40%の場合には破産しないためにはペイオフ比率は2以上が必要となります。同様に勝率30%の場合ならペイオフ比率は3以上が必要です。

図39は総資産の1.5%をリスクにさらした場合の破産確率です。リスクを増やすと当然破産する確率も高くなります。勝率50%、ペイオフ比率1では破産する可能性が出てくるのですね。

図38　総資産の1%をリスクにさらした場合の破産確率

ペイオフ比率

勝率	1	1.5	2	2.5	3
25%	100%	100%	100%	73%	3.1%
30%	100%	100%	46.9%	0.2%	0%
35%	100%	74.6%	0.1%	0%	0%
40%	99.8%	0.5%	0%	0%	0%
45%	52.4%	0%	0%	0%	0%
50%	0%	0%	0%	0%	0%

図39　総資産の1.5%をリスクにさらした場合の破産確率

ペイオフ比率

勝率	1	1.5	2	2.5	3
25%	100%	100%	100%	88.9%	12%
30%	100%	100%	78.4%	1%	0%
35%	100%	94.5%	0.8%	0%	0%
40%	100%	4.5%	0%	0%	0%
45%	84.2%	0%	0%	0%	0%
50%	1.4%	0%	0%	0%	0%

図40　総資産の2%をリスクにさらした場合の破産確率

ペイオフ比率

勝率	1	1.5	2	2.5	3
25%	100%	100%	100%	94.3%	19.7%
30%	100%	100%	87.4%	3%	0%
35%	100%	98.7%	16%	0%	0%
40%	100%	9.2%	0%	0%	0%
45%	93.6%	0%	0%	0%	0%
50%	5.4%	0%	0%	0%	0%

この場合は、破産する確率は1.4%となります。図40では総資産に対するリスクを2%にした場合です。

勝率50%、ペイオフ比率1では破産確率が5.4%になります。多くのトレーダーはこの表を見てこれなら破産しないのではないかと考えます。

しかし、金額ベースのリスクを2%以下に抑えるトレーダーは非常に少ないのです。ほとんどのトレーダーはもっと大きな金額をリスクにさらしているのです。

このように勝率が50%を超えない限り、ペイオフ比率が1程度の手法では破産はしませんが利益にもなりません。これでは投資をする意味がありません。この表には手数料を含めていませんので1%のリスクをさらした場合で勝率50%、ペイオフ比率1だとするとトレードを繰り返せば繰り返すほど手数料分が損失となります。

手数料を考慮すると平均利益が平均損失の1.2倍以上であれば勝率50%でも破産の確率はかなり少なくなります。トレードにおいて勝率50%というのは決して難しくない数値です。なぜなら株価は上がるか下がるかしかないのです。

1000円の株を買った場合には上がる確率は50%、下がる確率も50%です。

こうして見ていくと各トレードにおいてのリスクを考える場合に総資金の10%ものリスクを取ってはいけないということがわかりますね。2%のリスクですらこれですから、10%ものリスクを取れば破産するのはとても簡単なことなのです。この簡単に破産することを多くの初心者トレーダーが行うのです。そして1年もしないうちに相場の世界から退場していくのです。

トレードするときには自分の資金がどれだけあるのか、自分が取れるリスクはどの程度なのか、自分の今までの平均勝率はどの程度なのか、利食い目標をどこに置くのか、などを考える必要があります。

破産するのは簡単です。しかし破産しないことも簡単なのです。投資を楽しむために今回の破産確率をひとつのガイドラインとしてお役立てください。

破産しないことは本当に簡単なんですよ。

2 お金が貯まらない理由（連敗確率）

☆優秀なトレードシステム＝儲かるシステムではない?

トレードをしていてもお金が貯まらないという人が多くいます。とてもすばらしい手法を手に入れたのに利益を上げ続けることができない。勝率が高いシステムなのに利益を上げ続けることができない。儲かっている人に話しを聞いて教えてもらった同じ手法で取引しているのに自分でトレードをすると利益につながらない……。こんな経験をお持ちの人も多いでしょう。

これは自分に合った手法が見つからない人に多く見られる特徴です。

バックテストでは優秀な成績を出しているトレードシステムがあるのに利益が出ないのはなぜでしょう。優秀なトレードシステムを持っているというだけでは利益を出すことはできないのです。

優秀なトレードシステムと聞くと、儲かるシステムだと思うでしょうが、実は優秀といわれているトレードシステムの内容は儲かるシステムではないのです。

優秀なシステムとは期待値が高いシステム、期待値がプラスになるシステムなのです。期待値がプラスになるというのは、システムのシグナルどおりに売買を複数回繰り返し、その結果として利益の合計と損失の合計を足したときに総合計がプラスになっているということです。破産確率のところで出てきたペイオフ比率に置き換えるとペイオフ比率が1以上になるシステムということです。

たとえば、手元資金100万円で期待値がプラスのシステムを使って20回のトレードをしたとします。5万円の利益が5回、1万円の損失が15回の合計20回のトレードでした。

この場合の合計損益は、利益5万円×5回＝25万円、損失−1万円×15回＝−15万円となり最終損益は25万円−15万円＝＋10万円となります。

この場合、勝率は5勝15敗で25%ですが、期待値はプラスになります。最終的に利益を出すためには、勝率は低くても期待値がプラスのシステムが必要になります。期待値がプラスなのですから繰り返せば繰り返すほどシステムの成績に近くなるのですね。繰り返すトレード数は最低でも30トレードは必要です。5トレードや10トレード繰り返しただけではシステムどおりの成績になることは稀でしょう。

つまり、30回トレードを繰り返せば利益が出せる可能性が高いということです。しかし、30回トレードを繰り返せば利益が出る期待値プラスのシステムがあるのになぜ最終的に利益につながらないかというと、30回繰り返すことができる人がほとんど存在しないということです。

システムを信じてシステムどおりにトレードできる人は100人のトレーダーのうち2、3人だといわれています。システムどおりにトレードを実行できないことが儲からない理由なのです。とても単純なことなのですが、それができないのが人間なのです。

利益が出るといわれているシステムを手にしてトレードを行うものの、30回繰り返すことができずにシステムを停止してしまい、利益にはつながらない。そしてさらに良いシステムが見つかりまた売買をする。しかしそのシステムでも30回繰り返すことができない。この繰り返しになるのです。

期待値というのは確率から導き出された数値ですから、トレード回数が多ければ多いほど期待値のとおりの結果に近づきます。10回のトレードより20回のトレード、20回のトレードより100回のトレードのほうが期待値は近くなります。

では、なぜ繰り返すことができないのでしょうか。

☆4連敗するようなシステムは使えない?

たとえば、勝率が70%のシステムがあったとしても10回のトレードで4連敗以上する可能性があります。4連敗するともうそのシステムを使えなくなるトレーダーがたくさんいるのです。

1000回のトレードをすれば勝率70%に限りなく近づきます。期待値プラスのシステムを手に入れたらできる限り多くのトレードを繰り返すようにすれば期待値どおりの結果に近づくのです。しかし、トレードを繰り返すなかには当然連敗もあります。そこでシステムを停止する人が多くいるのです。

大切なのは、システムトレードに限らず、自分の手法ではどの程度の連敗があるのか、自分の使っているシステムではどの程度の連敗の可能性があるのかを知っておくことです。

システムトレードのトレーダーなら自分のシステムの勝率はご存じでしょう。裁量売買をしているトレーダーの人も自分の売買日記を見れば自分の年間を通じての勝率がわかると思います。

では、どの程度の勝率ならば連敗する可能性がどの程度なのかを見てみましょう。

勝率が50%の場合は勝つ確率も負ける確率も50%です（ここでは引き分けは考えないことにします）。

1敗する確率は0.5ですから50%です。

2連敗する確率は$0.5 \times 0.5 = 0.25$ですから25%。

3連敗する確率は$0.5 \times 0.5 \times 0.5 = 0.125$ですから12.5%。

4連敗する確率は$0.5 \times 0.5 \times 0.5 \times 0.5 = 0.0625$ですから6.25%。

5連敗する確率は$0.5 \times 0.5 \times 0.5 \times 0.5 \times 0.5 = 0.031$ですから3.1%。

6連敗する確率は$0.5 \times 0.5 \times 0.5 \times 0.5 \times 0.5 \times 0.5 = 0.015$ですから1.5%。

つまり、2連敗は100回エントリーすると25回起きる可能性があります。

3連敗は12回、4連敗は6回、5連敗は3回、6連敗は1.5回となります。

勝率50%の場合でも100回のエントリーで6連敗する可能性があるのです。

勝率50%ですから連勝の確率も同じになります。他の勝率の場合は、次ページの図41をご覧ください。

連敗確率を知ることにより自分の勝率でどのくらいの連敗をする可能性があるのかがわかります。これを知っていれば勝率50%のシステムでたとえ10連敗をしたとしても100回のうちには1回はあることだから大丈夫、これからも続けていけるという気持ちになれるはずです。

この連敗確率を知らなければ10連敗したらそのシステムを使い続けることは不可能でしょう。

図41

連敗数

勝率	1	2	3	4	5	6	7	8	9	10
10	90.00	81.00	72.90	65.61	59.05	53.14	47.83	43.05	38.74	34.87
15	85.00	72.25	61.41	52.20	44.37	37.71	32.06	27.25	23.16	19.69
20	80.00	64.00	51.20	40.96	32.77	26.21	20.97	16.78	13.42	10.74
25	75.00	56.25	42.19	31.64	23.73	17.80	13.35	10.01	7.51	5.63
30	70.00	49.00	34.30	24.01	16.81	11.76	8.24	5.76	4.04	2.82
35	65.00	42.25	27.46	17.85	11.60	7.54	4.90	3.19	2.07	1.35
40	60.00	36.00	21.60	12.96	7.78	4.67	2.80	1.68	1.01	0.60
45	55.00	30.25	16.64	9.15	5.03	2.77	1.52	0.84	0.46	0.25
50	50.00	25.00	12.50	6.25	3.13	1.56	0.78	0.39	0.20	0.10
60	40.00	16.00	6.40	2.56	1.02	0.41	0.16	0.07	0.03	0.01
70	30.00	9.00	2.70	0.81	0.24	0.07	0.02	0.01	0.00	0.00
80	20.00	4.00	0.80	0.16	0.03	0.01	0.00	0.00	0.00	0.00
90	10.00	1.00	0.10	0.01	0.00	0.00	0.00	0.00	0.00	0.00

☆退場しないために絶対やってはいけないこと

連敗確率とともに知っておいていただきたいことに資金管理があります。

詳しくは後述しますがここでは最大ドローダウンと連敗する可能性について考えてみましょう。

資金管理をする場合には自分の勝率を考え連敗しても投資を続けることができる資金を残さなければなりません。資金がなくなってしまえば相場の世界から退場になってしまいますからね。

レバレッジの効く信用取引や日経225先物をやっている多くの人はこのことをほとんど考えずに投資をし、本当は勝てる可能性があるのに資金をなくして相場から退場する人が後をたちません。

相場を続けていくためには資金をなくしてはダメなのです。そのためには最大ドローダウンと連敗確率について考えていかなければなりません。

資金管理の最大の目標は株式市場で自分が生き残るということです。トレードという楽しみを継続できなくなるような恐れのあることをしてはいけないのです。そのようなリスクを回避していかなければなりません。

2番目の目標は、着実な利益を稼ぐことです。そして3番目の目標は着実な利益を継続させることです。コツコツと黒字を続けていくことなのです。

大儲けは必要ありません。ちょっと大きな負けがあり、それを取り返すために一発大勝負をする必要はないのです。一時の大損はコツコツの黒字で埋めることができます。

損失をあわてて取り戻そうとして大勝負をすると傷口を広げることになります。コツコツと黒字を続けていけば複利を利用して黒字を大きくしていくことができるのですから。

私たちが肝に銘じておかなければならないことは「株式市場で生き残らなければならない」ということです。

次の図42をご覧ください。

図42

ドローダウン	回復のための収益率
10%	11.10%
20%	25%
30%	42.90%
40%	66.70%
50%	100%
60%	150%
75%	300%
90%	900%

100万円の資金で投資を始めて10%の10万円の損失が出た場合には元の100万円にするためには残り90万円に対し約11.1%の利益である10万円が必要になります。

20%の資金を失った場合には25%の利益が必要です。仮に資金が半減して50%になった場合にはなんと100%の利益が必要になるのです。

50%を失うのは簡単ですが、100%の利益を出すのは容易ではありません。

そのためにもリスクは最小限に抑えていかなければならないのです。

1回で大きな資金を使うのはギャンブラーのやることです。私たちは相場をギャンブルではなく商売として考えていかなければならないのです。

3　敗者の考え方

☆トレーダーを破滅へと導く欲望と恐怖

今まで多くのトレーダーの方にお会いしました。その中で儲かっていないトレーダーの人たちの特徴として、トレーディングの最中に感情をむきだしにしている人が多いようです。

トレードは、娯楽ではありません。トレードの最中に喜怒哀楽を出してお金儲けはできません。感情はトレードにおいて最大の敵です。

人間ですから楽しんだり落ち込んだりすることもあります。しかしそれはトレードが終わってからにしましょう。欲望と恐怖は、確実にトレーダーを破滅へと導きます。

また損を出して取り乱すトレーダーは、たとえば「買い」ポジションの場合、いくら下落していようとも上昇する根拠をインターネットなどで探し回り、どこかの掲示板やブログに書いてあることを見て安心したりします。

さらに、敗者は確率論など理解しようとしませんし、勝率とかランダム過程などという概念を理解せず迷信を信じています。

一方、儲かっているトレーダーは良い言葉を残してくれています。下記の言葉など何回も読んで暗記しておくとこれからの相場人生の役に立つでしょう。

『相場がどう動くかを予測するのは最悪である。なぜならば、相場動向を予測し、自分の作ったポジションに恋してしまうと、そのポジションが間違っていると告げる多くの証拠を目の前に突き付けられてもなお進んでそのポジションと手を切ることができなくなるからである。
自分を相場と同調させなければならない。相場と喧嘩をしてはいけないのである。奇妙なことに、人は正しい判断に必要な情報を探す代わりに、自分の判断が正しいことを証明しようとする。』(『相場で儲ける法』LarryWilliams著から)

のぼり坂、上から見れば下り坂。一つの同じ経済現象も、株を買おうと思っている人と、株を売ろうと思っている人とでは捉え方が正反対になることがよくあります。我田引水的に現象をとらえるからでしょうか…。

一晩寝ずにじっくり考えて、絶対上がると思って買えた株は、この株は絶対下がると思って売った人がいたからです。

『すべての建玉をストップ・ロス・オーダーによって守るという断固とした決意、意思がなければ、取引を始めないほうがよい。失敗するのが確実だからだ』(W・D・ギヤン)

休むも相場。休むとは、ただの休みと思うなよ、次の仕掛けの元となるなり。

4　白と黒のビー玉

☆マネの限界

『考えるのをやめることは、私にとって生きることをやめることだ』(シャロム・ヤアコプ・アプラモヴィッチ)

『多くの人は考えないために本を読む』(ヨセフ・リヒテンパウム)

「最近は自分で物事を考えない人が増えているようです。そのために子どもたちの学力も低下してきているのです」。このようなコメントをしている評論家がいました。

そうなのでしょうか？　自分で物事を考えない人がいるというのは、今の時代だけのことではないと思います。そして、学校の成績が良くても物事を考えない人というのは結構いるのではないでしょうか？　記憶力が良いということと、自分で考えて問題を解決するということは全く違うことです。ある本を読んで読書感想文を書いてもらうと「参考になった。すごく良い本だった」という感想を書く人がいます。

この人は自分自身で考えているのでしょうか。これは感想ではありません。単なる評価なのです。

感想文であるなら、この本を読んで自分はこれこれこういうふうに考えたとか「自分にとってはこの本の内容はこのような意味があり実行するアイデアが浮かんだ」などを書くべきでしょう。

今の学校では要約技術がうまいと、知識があるように思われ、優等生扱いをされます。しかし、このような人たちは社会に出るとまるで役に立たない場合があるのです。
考えるという行為をしてはいるのでしょうが、方向性が違うのです。
「自分はこう考える」という自分の主張がなければいけません。
「自分自身はこう考える」という第一人称が必要なのです（ここ重要です。テストに出ます。笑）。
相場でも同じです。他人の売買をマネしてもうまくいきません。それは単にうまくいっている人を評価しているだけで自分の考えがないからです。
初めのうちは利益が出るでしょう。しかし、続けていくうちにマネができなくなってくるのです。それはなぜかというと自分の考えがないからです。
自分の考えがないのでマネをしていることが不安になるのです。そしてその不安が増長し、エントリーできなくなったり、損切りができなくなります。一度でもそうなったら以前のように儲けること（マネすること）は難しくなります。
そして儲かっている人とまるで逆のことをするようになるのです。相場において、儲かっている人の売買を参考にするのは有益です。しかしその売買をそのまま鵜呑みにしてはいけないのです。
儲かっている人の売買を元に自分なりの売買手法を探す必要があります。自分自身で本気で時間をかけて作り上げた売買手法で儲けることができれば大きな自信になります。
また、自分の売買手法で儲からないときがあっても「どこが違うのだろう？　どこかに見落としがあるのではないだろうか？」

と考えるようになり、その売買手法は精度の良い手法になっていきます。

☆勝率50%を超えるために

自分で考えることとはどのようなことなのでしょう。ひとつ問題を出しますね。

ここにビンが2本とビー玉が10個あります。10個のビー玉のうち5個が黒色で、残りの5個が白色です。このビー玉10個を、必ずどちらかのビンに入れます（入れる数は自由です）。どちらかのビンを取って、中のビー玉を1個取り出し、白が出れば勝ち、黒が出れば負けというゲームを、1対1で行います。どちらのビンを選ぶかは相手が決めますが、ビー玉の入れ方はあなたの自由です。さて、どのように分けたら、あなたが勝つ確率が高くなるでしょうか？

この問題は一見どのように分けても同じ確率に思えます。ビンが1本だけならそうですが、ビンが2本あるところがポイントです。相手がどちらのビンを取るかの確率は50%です。ということは、必ず勝てるビンを1本作れば、50%の確率で勝つことができます。

必ず勝てるビンとは、白色のビー玉だけが入ったビンです。白色のビー玉を1個だけ入れたビンを用意しておけばいいわけですね。こうすると、もう一方のビンには白色4個、黒色5個が入ることになり、こちらのビンを選んだ場合でも白色のビー玉を取り出す可能性が生まれます。このビンで白色のビー玉を引く確率は9分の4です。

このビンを取る確率が2分の1なので、それを考慮すると「9分の4」×「2分の1」なので18分の4となります。白色のビー玉を取る確率の合計は2分の1（必ず勝てるビンを選ぶ確率）と18分の4（もうひとつのビンを選んで白色のビー玉を取り出す確率）を足すと18分の13となります。なんと72%の確率であなたが勝つことができるのです。

なぜ、こんな問題を出したのでしょうか？　自分自身で考える力をつけていただきたいからです。そして相場で勝つためには同じように確率で考えることが必要だからなのです。

相場で勝つためにチャートパターンやテクニカルの勉強も大切ですが、確率についての勉強もしっかりとやっていきましょう。

勝てる確率を少しでも高くするためには検証作業というのが非常に大切です。株価は上がるか下がるかのどちらかですから勝てる確率は50%ですね。しかし、50%以上の確率で勝てるトレードシステムというものが存在します。その理由は相場における歪みを見つけ出すことなのです。

ある特定の条件が重なったときに相場の動きに歪みが起きて、50%以上の確率で自分の思った方向へ株価が動く。このような条件を見つけることです。

自分自身で多くのことを考え研究して自分だけの聖杯を見つけてくださいね。

☆嫌いな人いますか?

突然ですが、あなたには嫌いな人がいますか？

嫌いな人がいないとしても「こいつとはウマが合わないな」と

思う人はいるのではないでしょうか？

私にも「なんかこの人とは合わないな」と思う人がいます。

このような人と一緒に何かをしてもうまくいかないことが多いようです。

この世の中には自分とは合わない存在というのが絶対にあると思うのです。

これは多くの人が実感しているのではないでしょうか。

「好き」とか「嫌い」という感情には理屈では言い表せない何かがあるのですね。

そういう感情があると認めてしまえばいいんですよ。

私はこの人苦手なんだな、この人のことあまり好きじゃないんだ、と認めてしまうのです。

でも絶対にやってはいけないのが、気に入らないからと言って、その人に対していじわるをしたり攻撃をしたりすることです。

嫌いだと認めてしまった上で無理に合わせることをしなければいいのです。

自分は自分、あの人はあの人というように考えると嫌いな気持ちも少しずつ和らいでいきます。そうすると「嫌い」だという気持ちはあっても淡々と接することができるようになります。淡々と接すると相手も少しずつ歩み寄ってくるようになるから不思議なんですよ。

なんでこんな話をするのかというと、私は相場も人生も同じようなものだと思っているのですね。

人生が楽しくない人は相場も楽しくないと思うのです。

そして人生がうまくいっていない人は相場もうまくいかないと思うのです。

人生における人との接し方は相場との接し方と一緒だと思うんです。

今日の動きはなんか苦手なんだよな。この動きは嫌いという日があると思うんです。そんなときは無理に相場と接することはないのですね。

たとえば、ズルズルと下げていた相場だったが、いきなりギャップアップで寄り付いてさらに上への動きになったとします。

このようなときはギャップアップになっても買いづらいと考える人が多いでしょう。下で寄り付いてさらに下の動きは取ることできるんだけど上で寄り付いてさらに上の動きは苦手なんだよな、なんて思うのですね。

苦手な動き、嫌いな動きなのですからその動きに対して攻撃することはないのです。淡々と接すればいいのです。

この場合、淡々と接するというのは苦手な動きだから見ているだけにしよう。とか、上に行った後の押し目を買おう、だから今は押し目が来るまで待つことにしよう。このような対応ですね。このような接し方をすれば相場のほうから歩み寄ってくるようになるんですね。無理して接してもいい結果は訪れません。

人にしても相場にしても平等に見て平等に接すれば、人間関係で苦しむこともなくなるし、相場で苦しむこともなくなります。

今までよりも楽しく楽に生きることができるようになり、楽しく楽に相場に向き合うことができるようになります。

5　いろいろなバイアスが影響する

☆確証バイアス

「確証バイアス」という言葉があります。これは自分の都合の良いデータだけに頼ってしまうということです。1984年から1989年までの5年間に、経済学者のバリー・ストウとハ・ホアンはNBAの新人選手のプレーの傾向を調査しました。

二人は得点力、持久力、スピードなど、データ面から考えつく限りの条件を評価して実際の出場時間の決め手となるのはどの要素なのかを調べました。論理的にはどの選手をいつ、どれくらい試合に出すかを決めるとき、コーチや監督はその選手の技量や実績を主に考慮するだろうと考えられます。

しかし、実際にはそうではありませんでした。一番影響を与えているのはその選手のドラフト順位だったのです。つまり、選手がどれくらい試合に出してもらえるかは、シーズンが始まっていないうちにその選手が選ばれたドラフトの順位によって決まっているということです。

選手の実際のプレーがどれくらい優れているのかということはあまり影響を与えていないのです。監督がそれらの選手のプレーに「どれほど期待しているか」ということのほうが重要視されていたのです。これが「確証バイアス」です。確証バイアスとは前から信じていたことや感じていたことに合わせて、実際のデータをねじ曲げてしまうことです。

株の銘柄選択でもこの確証バイアスが影響します。不動産の購入、洋服や家具の買い物にいたるまで、私たちの生活すべてにおいて、私たちは自分が好ましいと思っている選択を支持してくれる客観的情報だけを選び出してしまう傾向が強いのです。

ですから私たちには「確証バイアス」が備わっていることを認識しなければなりません。私たちには自分が聞きたいと思っている話だけを聞き、すでに信じていることだけを見る傾向があると自覚しておきましょう。

自分の考えを疑って、それが正しいと証明できる客観的事実があるかどうかを確かめるようにしましょう。自分の考えのあら探しをしてみるというのもおもしろいですよね。

確証バイアスはお金が絡んでくるとさらに私たちに影響を与えます。ある金銭的な判断がどれほど正しく優れているように見えても、それとは反対の意見も考慮しなければなりません。自分のポジションが買いであれば、売り方になった気持ちで相場を眺めてみるといいですね。

☆ノスタルジー・バイアス

確証バイアスと同じようなことで「ノスタルジー・バイアス」というものがあります。

「ノスタルジー・バイアス」とは、過去の物事を実際以上に美化して思い出すことで、「バラ色の思い出」とも呼ばれます。ノスタルジーとは、「現実に起きたこと」ではなく「理想」を思い出すことで、それは理想によって加工された思い出です。私たちはうまくいかなかった株取引を、自分の力ではどうにもならない外部要因のせいにします。「アベノミクスが失速しているからダメなんだ」などと言うのですね。

一方で、まぐれで儲かった取引の話になると、自分は天才だとうぬぼれるのです。この錯覚の問題点は、私たちが自分の能力や成功を思い出の中で過大評価すると、現在の期待まで簡単に歪んでしまうということです。

バラ色に見えるメガネは良いものですが、それをかけていると赤い文字が見えなくなります。その結果、自己催眠にかかって過去の失敗が見えなくなり、こんな思い込みが生まれます。「自分は他の人よりも正しい決断ができる」「太らないようにしょっちゅう運動をしている」「いつも健康管理のため食事には気をつけている」だから自分は大丈夫！

ノスタルジーは素晴らしいものです。しかし、お金にかかわる決断をするときには、注意が必要ですね。

私たちの仕事であるトレードはその最たるものです。失敗したトレードを振り返ってみてください。見過ごしたものがないかどうか。そして嫌なことに目をつぶったり、自分の過去の失敗をできるだけ軽く考えようとする傾向がないかどうかを考えてみてください。過去のトレードを冷静な感覚で見ることで、これからのトレードがより良いものにつながる可能性が高くなっていきます。

6 資金管理を知らないのならば株式投資をやめなさい

☆ベテランより初心者のほうが勝率は高い?

この本の最後に株式投資にとって一番大事な資金の話をしたいと思います。

株式投資に長くかかわっている人と、まだ株式投資を始めたばかりの初心者の人の負け方を比較してみましょう。

相場初心者の人や経験の浅い人は勝率が高いのが特徴です。けれども、そこそこ勝っているのに1回の大負けがあったりして資金を減らします。

理由はあなたも経験してきていると思いますが、初心者は損切りをしないので勝率が高くなるのです。そしてどうしても我慢ができない損失になると大きな損切りをするのですね。

一方で株式投資を長くやっているベテラン（儲かっているトレーダー）は、少しずつ資金を減らします。新規エントリー時からロスカットを厳密に決めてあり確実にそのロスカットを守ります。

ですから勝率が若干落ちても小さな損切りが続くだけで、資金の減少速度は非常に遅いのです。

ベテランと初心者の資金に対しての月々の収益率もどのように違うのか見てみましょう。

ベテランは1月の収益率は+10%、2月の収益率は−2%、3月の収益率は+25%、4月は−5%、5月は+15%という感じになります。

毎月収益率がプラスになるのがベストですが、そうでなくてもならして安定的な収支になっているのです。一方、初心者の人の月々の収益率は次のようになっています。

1月の収益率は+60%、2月の収益率は−50%、3月の収益率は+80%、4月は−50%、5月は+20%。

一見してみると初心者のトレーダーの人が儲かっているように感じますね。

これを実際に計算してみましょう。

元の資金が100万円としましょう。

• ベテランの場合元金1,000,000円

1カ月目収益率+10%	残高1,100,000円
2カ月目収益率−2%	残高1,078,000円
3カ月目収益率+25%	残高1,347,500円
4カ月目収益率−5%	残高1,280,125円
5カ目月収益率+15%	残高1,472,000円
⋮	
12カ月目	残高　2,4000,000円

このようにベテランは安定的に毎月平均10%程度の利益を積み上げていきます。

・初心者の場合

元金1,000,000円
1カ月目収益率＋60%　　残高 1,600,000円
2カ月目収益率－50%　　残高　800,000円
3カ月目収益率＋80%　　残高 1,440,000円
4カ月目収益率－50%　　残高　720,000円
5カ月目収益率＋20%　　残高　864,000円

⋮

12カ月目　　残高　0円　　相場から撤退!!

初心者の場合、月々の収益率の変動が非常に激しいのです。1カ月で資金を一気に半分に減らしたりします。これをしていると精神的にも負担が大きくなりストレスがたまります。初心者にはこういう人が沢山います。

というよりほ、とんどの初心者の方がこのような収益率になってしまいます。

スキャルピングで1日に50回以上の売買をしたりレバレッジの高い商品で証拠金上限の資金で売買したりロスカットしなかったり、自分の勘だけで決め打ちしたりすると月の収益率が＋80%、－50%…というような成績になっていくのです。

月々の収益率が大きくぶれるのですね。私たちは、こういう成績がぶれる売買をしてはいけません。つまり過剰売買をしたり、

資金を上限まで、目一杯使ったり、ロスカットしなかったりするのはダメなのです。

☆売買資金を増やすタイミング

儲かるトレーダーになるためにはこれらのこととは反対のことをするのです。条件に合うトレード機会がくるのを亀のようにじっくりと待っていればいいのです。

相場は逃げません。勝てる場面は必ずくるのです。毎日必ずトレードをする必要はありません。2週間にたった1回のトレードでもいいのですね。2週間に1回のエントリーで5%の利益が得られればそれでよいのです。それで1カ月で10%の利益率になるのですから。

このように考えると、エントリーできない日が続いたとしても焦ったりせずに済みます。絶対に稼がないといけないなどのプレッシャーを感じたりしなくなるのです。精神的に安定したトレードができるようになるのです。これが一番重要なのです。

勝てる可能性の高い条件がくるまでじっと待ってください。我慢してエントリーを待つということを覚えてください。

最初は少ない資金で始めて毎月の成績が安定したら資金を増やしていけばいいのです。

日経225先物をする人なら、ラージではなく日経225先物miniがありますので、資金にあわせて1枚ずつ増やすことも可能ですね。一攫千金の高利回りを求めなくてもいいのです。

年間の収益がプラスの収支だったとしても勝つ月と負ける月の収益差が大きい場合は、売買資金を増やすということはとても危険ですしやってはいけません。

毎月の収益は少なくても10万円、多い月には50万円というようになれば売買資金を増やすことができるようになります。

儲かるトレーダーになるために毎月10%の収益率を目指しましょう。もし毎月10%の収益率が達成できれば、元の資金を1年間複利で運用すると資金は、年間で3倍近くになります。15%複利運用なら年500パーセントの利回りになります。ですから、焦ることもプレッシャーに感じることもないのです。

☆資金管理の全体的な考え方

資金管理の全体的な考え方は、取引口座の資金残高、想定される最悪のケース、ドローダウン、売買による資金の成長率、リスクの適量化です。

そしてもうひとつ重要なのは、自分の使用している手法の期待値が1以上であり、トレードに使う資金に十分な余裕があることです。その条件を満たして適切な資金管理と組み合わせることですばらしい成果を期待することができるのです。

ただしファンドマネージャーなど機関投資家がしているポートフォリオ理論などは、個人にとっては、メリットよりもデメリットのほうが多いので注意しましょう。

ポートフォリオとは、リスクを分散するために多くの銘柄に投資する手法ですが、10や20という多くの銘柄を同時に売買するといざというときの対処が困難になってしまいます。いい加減になってしまうのです。

相場格言にもあるように「すべての卵を同じバスケットに入れ

るな」という考えで多くの銘柄を取引する人が多いのでしょうが個人ではそもそもバスケットに入れず、少ない銘柄を両手で落とさないように大事に運用することを目指すべきです。

おわりに

大切な人を助けるためにお金を稼ぐ。

本書では、その方法のひとつをお伝えしてきました。

大切な人を助ける方法。それはお金だけではありません。

その人を幸せにしてあげることです。

しかし、自分が幸せでなければ人を幸せにすることはできません。

幸せもお金も一緒なのです。

お金がなければ人を助けることができないのと同じで自分が幸せでなければ人を幸せにすることはできないのです。

ムスッとした顔で、人を笑顔にすることはできません。

自分が笑顔でいるから人を笑顔にすることができます。

いつも笑顔で過ごし、周りの人も笑顔にしてあげることができ、そして、お金もたくさん稼ぐことができる。

そういう人を「幸せなお金持ち」と言います。

私は、多くの方に「幸せなお金持ち」になっていただきたいと思っています。

お金持ちになる方法は相場にかぎらず多くの方法があります。

私は相場でお金持ちになる方法をみなさんにお伝えすることができます。

また、幸せになる方法もお伝えすることができます。

本当は、お金持ちになる方法よりも幸せになる方法をたくさんお伝えしたいのです。

いくらお金があっても幸せでなければ不幸な人生を送ることに

なります。

幸せが最初にあって、その後にお金がある。これが最高の人生なのではないでしょうか。

幸せになる方法は、私のブログでたくさんお伝えしていますので興味がなくても幸せになりたい方は読んでくださいね（笑）。

ブログのアドレスは下記になります。

http://tuiterusennin.blog109.fc2.com/

ブログアドレスを入力しなくてもyahooなどの検索で「ついてる仙人」と入力していただくと一番上に私のブログが出てきます。

また、本書を読んで、さらに相場の勉強をしたいと思われた方は私の行っている相場塾の門を叩いてみてください。

幸せなお金持ちへの道がさらに短くなることでしょう。

相場塾のアドレスは下記になります。

http://nk225.info/lesson/

最後になりますが、この本を読んでいただいた方へのプレゼントがあります。

上記サイトの左側にある書籍の特典ファイルお申込みリンクから本をお読みいただいた感想をお寄せください。

感想をいただいた方全員に相場塾の講師が書いた相場塾のメインコンテンツである日々メールを各1通ずつ配信させていただきます。

この日々メールは会員さん向けに配信しているものと同じ内容です。（講師の売買譜や翌日のシナリオが書いてあります。）

感想は400字以上くださいね。そうすると私、ついてる仙人の笑顔を想像することができます。

そうです。みなさんが感想を書いていただくことにより、私を幸せな笑顔にすることができるのです。

周りの人を幸せにする訓練として、ぜひ私を笑顔にしてくださいね。

みなさんの感想を心よりお待ちしております。

最後までお読みいただき有り難うございました。

参考文献

『ツキの大原則』（西田文郎著／現代書林）

『究極の損得勘定』（小林正観著／宝来社）

『幸運と成功の法則』（船井幸雄著／グラフ社）

『予想どおりに不合理』（ダン・アリエリー著／早川書房）

『投資の王道』（新井邦宏著／日経BP社）

『マーケットの魔術師』（アート・コリンズ著／パンローリング）

『投資苑』（アレキサンダー・エルダー著／パンローリング）

『格言で学ぶ相場の哲学』（鏑木繁／パンローリング）

『相場で儲ける法』（ラリー・ウィリアムズ著／日本経済新聞社）

著者略歴

ついてる仙人

個人投資家から絶大な支持を得る「相場塾」を主宰。ブログでほぼ毎日トレンド分析を行い、その日の日経225先物の売買方針、売買タイミングなどの情報を発信している。テクニカル分析に定評がある。著書に『日経225先物　ストレスフリーデイトレ勝利の方程式［増補改訂版］』『幸せなお金持ちになるための　株・日経225先物　儲ける「勝脳」の鍛え方』『幸せなお金持ちになるための　日経225先物　必勝トレード術』（アールズ出版）がある。

金子　稔

法政大学卒業後、大好きなバイクと過ごしたくてバイク屋に就職する。

28歳　独立し逆輸入車および中古車販売で業績を伸ばす。

38歳　難病の天疱瘡を患う

40歳　悪性リンパ腫を患い余命半年を告知される。

42歳　事業を譲りセミリタイア

44歳　スローライフを求め長野県に移住

株式会社DREAM-CATCHERで相場塾を開講

今に至る

株・日経225先物 勝利のチャート方程式［増補改訂版］

2014年11月 7日　初版第1刷発行
2023年 5月15日　POD版第6刷発行

著　　者　ついてる仙人

装　　幀　中山デザイン事務所

発 行 者　森 弘毅

発 行 所　株式会社 アールズ出版
東京都文京区春日2-10-19-702　〒112-0003
TEL 03-5805-1781　　FAX 03-5805-1780
http://www.rs-shuppan.co.jp

本書はプリントオンデマンド印刷（POD）で制作しました。

©Tsuiteru Sennin, 2014, Printed in Japan

ISBN978-4-86204-270-5　C0033

乱丁・落丁本は、ご面倒ですが小社営業部宛お送り下さい。送料小社負担にてお取替えいたします。